给
青少年的
励志手册

疯狂阅读
CRAZY READING
青春励志馆④

元气社

主编 杜志建

我相信自己，生来如同璀璨的夏日之花，

不凋不败，妖冶如火，

承受心跳的负荷和呼吸的累赘，

乐此不疲。

汕頭大學出版社

图书在版编目（CIP）数据

疯狂阅读. 青春励志馆 4 元气社 / 杜志建主编. --

汕头：汕头大学出版社, 2025. 4. -- ISBN 978-7-5658-

5566-5

Ⅰ. G634.333

中国国家版本馆CIP数据核字第20257ST865号

疯狂阅读

FENGKUANG YUEDU

青春励志馆 4 元气社

QINGCHUN LIZHIGUAN 4 YUANQISHE

主　　编：杜志建
责任编辑：蔡　瑶
责任技编：黄东生
封面设计：张　羽
封面绘图：Paco Yao
版面设计：沙　拉
出版发行：汕头大学出版社
　　　　　广东省汕头市大学路 243 号汕头大学校园内　　邮政编码：515063
电　　话：0754-82904613
印　　刷：河南瑞之光印刷股份有限公司
开　　本：787mm×1092mm　　1/16
印　　张：10
字　　数：280 千字
版　　次：2025 年 4 月第 1 版
印　　次：2025 年 4 月第 1 次印刷
定　　价：25.80 元
ISBN 978-7-5658-5566-5

声明

　　基于对知识和创作的尊重，本书向所选文章、图片的作者给予补贴。因条件所限未能及时联系的作者，我们在此深表歉意，当您看到本书时，请与我们联系，以便我们向您支付补贴和赠送样书。因篇幅有限，部分文章有删节，敬请谅解。

　　联系方式：0371-68698015

目录

成长没有偏旁，
自己便是华章

▼

答案写在路上，自由藏在风里

▼

这是花园，色彩来来往往

▼

勇敢的人 先享受世界

▼

人生是旷野
不是轨道

▼

薄荷星球上的
晚安猎人

▼

成长没有偏旁，
自己便是华章

学会爱自己的锋芒，喜欢自己，
比喜欢这个世界更重要。

谢谢你，浪漫的『虚拟语气』

❋ 田野

说说虚拟语气吧，虽然它学起来有点儿枯燥，但这个语气实际上是对生活的一种美好希冀，就和我们汉语里的许愿一样。

高二那年的夏天，蝉鸣比哪一年的都聒噪。那些家伙声嘶力竭地叫个不停，仿佛要把人的耳膜撕裂才肯罢休。教室窗外的树木，枝丫疯长，却总也挡不住灼热的阳光。这像极了当年的我，即使把头发全部披下来，拼命遮住侧脸，也遮不住那些红肿的痘痘和顽固的痘印。

我不明白，大家明明一起进入青春期，为何只有我的脸上长满痘痘？看着镜子里的自己，我常常陷入无尽的焦虑。而冲刺高三、备战高考的压力又成了助推剂，加速了痘痘的疯长。这些烦人的红色颗粒，成群结队，此消彼长，像长在我心尖的倒刺，刺痒、灼痛，永不消停。

更要命的是，我的成绩并不好，尤其是英语。那些密密麻麻的单词、莫名其妙的词组搭配，还有高深莫测的语法结构，一点点击碎了我的信心。几次模拟考试下来，我几近崩溃。但是，我很喜欢上英语课。不，确切地说，我是喜欢看上课的英语老师。

仿佛所有的英语老师都有穿不完的花裙子，李老师也一样。她留着齐耳短发，身材窈窕，皮肤白皙，不论是连衣裙还是半身裙，总能"掐"出她不盈一握的细腰。期盼李老师的课，就像在期待一场时装秀。我特别喜欢她那些好看的裙子，穿上它们是我遥不可及的梦——因为脸上的痘痘，我不爱穿裙子，更不爱笑了。

一次英语课上，李老师像往常一样，用温柔的声音讲解着下一个单元的语法要点。而我也如往常一样，只顾着欣赏她的

新裙子。那是一条碎花雪纺裙，领口的飘带系成一个蝴蝶结，随着偶尔吹进教室的风翩翩起舞。我开始陷入遐想：要是没有痘痘，我也能穿上好看的裙子。我一定要转无数个圈，让头发在空中飞舞……多希望我没有痘痘呀！

"苏西，你来用这个句式造个句吧！"突然，我的美梦被打破。我怎么也没想到，李老师会让我这个英语"小白"来回答问题。

从白日梦中惊醒的我顿时慌了神，赶忙向同桌使眼色求救。

"老师让你用虚拟语气造句，就是'如果怎样该多好啊'的句式。"

"If I don't have 痘痘该多好啊！"我当时一定是着了魔，脱口而出一个"中英合璧"的句子。话音刚落，同学们哄堂大笑。尤其是坐在我前排的男生，他笑得前仰后合，差点儿从座位上摔下来。

我这才意识到自己说了些什么，只觉得脸颊发烫，耳朵热辣辣的，像被人抽了一个耳刮子。那些恼人的痘印，仿佛瞬间被激活，化身为无数个小嘴巴，疯狂地嘲笑着我。我强忍屈辱而自责的泪水，下意识地用手去扯耳边的头发，想用它们盖住我的脸，却只恨自己的头发不够多，不够厚，不够长。

"大家不要笑，苏西同学没有用错这个句式，只不过她不知道'痘痘'用英语怎么说。有勇气说出自己的想法就很不错。在英语中，虚拟语气就是对梦想的表达，是最浪漫的语法！"李老师非但没有批评我，反而替我解了围。

虚拟语气是英语中最浪漫的语法，这种说法瞬间击中我心。课后，我鼓足勇气找到李老师，想问她"痘痘"的英语单词是什么以及虚拟语气的正确用法。

"李老师，请问'痘痘'用英语怎么说？"我低着头，下了很大的决心终于说出这句话。

"苏西，相信我，英语是一门非常浪漫的学科，只要你认真学，一定会发现它的美妙和浪漫。就比如说你问的'痘痘'这个单词，在英语中叫'pimple'，p-i-m-p-l-e！"

李老师接连用了好几次"浪漫"，每一次都能在我心里下起樱花雨。可我觉得自己和浪漫毫无关系，只在心中默默地拼了几遍"pimple"。

"谢谢李老师！"我转身就要走。

"Wait！"李老师叫住我。

"那你知道'酒窝'的英语单词和'痘痘'的拼法很像吗？它们只有一个字母的差别，意思却隔了十万八千里，这就是英语构词的玄妙。"

我来了兴趣，问："那'酒窝'用英语怎么说呢？"

"dimple，d-i-m-p-l-e！你看，只有一个字母的差别，很好记吧？"

"真的！太神奇了！把首字母翻转180度，一个是'痘痘'的意思，那么丑；一个却是'酒窝'的意思，那么美！"说到"痘痘"两个字的时候，我条件反射地摸了摸自己的脸，又扯了一下头发，生怕那些可恶的痘痘露出来。

"你啊，太在意痘痘了，它们长在你的脸上，是你身体的一部分。你要学会接纳它们，正视它们，不必因为它们的存在感到自卑，而要学着把它们当成一种青春的记号。多年后，当你再想起来的时候，相信我，你甚至会怀念它们！"李老师看穿了我的心思。

"我们再说说虚拟语气吧，虽然它学起来有点儿枯燥，但这个语气实际上是对生活的一种美好希冀，就和我们汉语里的许愿一样。你试着用心学一学，有不懂的随时问我，好吗？"

在李老师的安慰下，我顿时放松了很多，微微一笑。

"你看你，笑起来多美！你真的有酒窝呢！这么一笑，我只看到你的dimple，根本就不会注意你的pimple啊！以后，一定要多笑笑，好吗？"

李老师的话就像一缕阳光照进我的心里，驱散了我心中萦绕许久的阴霾。痘痘和酒窝，我不幸又幸运地占据了两样。可之前，我执着于脸上的痘痘，无数倍地放大它们，并把它们从脸上复制到了心里。美丽的李老师巧妙地告诉我，有时候一个字母的差别，却是天上和地下。而我差点儿因为自己的偏执，给青春蒙上压抑的色彩。

感谢那堂课的白日梦，以及浪漫的"虚拟语气"。它让我适时说出了自己的烦恼，并得到一位好老师的及时纠正和引导。对着镜子，我终于如释重负地笑了，那两个一直被我忽视的酒窝若隐若现，真好看。

全世界我最想偏爱自己

❋ 李亦北

> 少年心性的一个表现是纯净。少年不会没底线地讨好人，不会脱口而出就是网络流行语，也不知道什么是求生欲，所以，我们交换的是真心话。

1

一直到25岁，我才接受自己拥有一张"有福气"的大圆脸的事实。从青春期至今，我被这个客观事实困扰了整整13年。

我虽然脸圆，但也有一些优点——皮肤很白，眼睛很大。上小学时，我靠着还算清秀的五官获得过"班花"的称号。

不幸的是，后来十几年，少女的轻盈体态也像"圆脸有福气"的审美观念一样一去不复返，不管如何减肥，我的脸盘儿都像一片不断扩张的领土，让我整个人也变得死气沉沉。这么多年，"大饼脸""不上镜""显胖""笨拙"等标签一直牢牢地镶嵌在我的额头上，我甚至得到过一个外号——"大圆"。

我在中学时代遇到过的最好看的姑娘，叫林星星，她下巴尖尖的，嘴角有小梨涡，皮肤白到发光，大眼睛像寒星一样明亮。

谁都不能否认，漂亮的女生总能轻易得到别人的喜欢。

林星星是在开学两周后入学的，没赶上订参考书。化学老师是一个雷厉风行的小老太太，上课时一眼就看到了坐在角落的她，

急忙走到她的身旁，把书递给她，说："送给这个漂亮的姑娘，要好好学习哦。"

林星星的"人设"并不新颖，她成绩不好，是那种美而自知的类型，非常会打扮，有很多新衣服，会在课堂上偷偷地涂口红，每隔不久就换一个时髦的发型。全年级大多数男生都喜欢她。我还记得那年，整个初中部有一句响亮的口号——"无人不知的三年级七班林星星"。

其实，我也是"无人不知的三年级七班李大圆"，因为初中三年，我的成绩一直在年级前五名，几乎每个老师都认识我。但是相比于男生的爱慕和女生的羡慕，老师的喜欢显得微不足道。

我，李大圆，更想拥有尖下巴，更羡慕无人不知的林星星。

虽然女生之间很容易相互攀比、相互嫉妒，但是，我跟林星星之间差了一整条银河，我们是两个极端，所以，在美貌方面，我根本没有资格跟林星星比。

2

我第一次因为圆脸疯狂地感到痛苦和自卑，也是在跟林星星同班的那一年。

我妈是那种嘴巴很毒的人。有一次家庭聚会，亲戚们凑在一起聊天，我妈斜眼看着坐在沙发上吃零食的我，说："你们看看，她还在吃零食，脸都圆成什么样了，越长越笨，下巴短得像被刀砍过一样，我记得她爷爷还给她起过一个名字，就叫'圆圆'。"

一瞬间，我的身体开始发抖，眼泪上

涌。相比于其他尖下巴的漂亮姑娘带给我的隐形伤害，我妈对我的打击更让我难过，因为她一直是这世界上我最相信、最依赖的人。其他任何人都能否定我、嘲笑我，只有她不可以，她应该保护我，不断地告诉我"你的圆脸很可爱"。但在这件事上，她放开了我的手，站在了银河的对岸。

那时的我对尖下巴有一种盲目的崇拜和迷恋。被我妈人身攻击后不久，我就对小吴同学有了好感。小吴同学成绩很好，又高又瘦，最关键的是拥有锋利的下颌线。后来，我们考入同一所高中，被分到同一个班级。慢慢地，我们变得亲近，有了下课后可以一起去小卖部的那种交情。

有一次，我拿着印有圆脸女明星和尖下巴女明星照片的杂志，旁敲侧击地问他："你觉得她们两个谁好看？"他歪着脑袋想了半晌，说："都很好看啊，如果非要比，我觉得左边这个更好看。"左边是圆脸女明星。

我因此开心了很久，把这当作是圆脸美女取得的胜利，还试图从自己身上找到一些那位圆脸女明星的影子。现在想想，那时的我真的好傻！

因为喜欢小吴同学，我变得更加爱美。先从减肥做起，我大概有一个学期没有吃过晚饭。后来，上大学的表姐带我去剪了偏分刘海儿，她说这样可以修饰脸形，让我的脸在视觉上变窄。我剪完头发，按捺着心里的欢喜，约小吴同学在麦当劳见面。他看到我后愣了半天，说："你原来的发型挺好看的。"我像一个被针尖戳破的塑料娃娃，"噗噗噗"的漏气声在我的世界拉响警报。我垂着脑袋，小声问他："你不觉得我的脸很圆吗？圆脸多难看啊！"小吴同学阔气地点了一个全家桶，把鸡腿推到我面前，语气生硬地说："圆脸怎么了？你特别像大眼睛版的樱桃小丸子。小丸子的爷爷不是说了吗，即便全世界的人都不偏袒小丸子，他也最偏袒小丸子。"

少年心性的一个表现是纯净。少年不会没底线地讨好人，不会脱口而出就是网络流行语，也不知道什么是求生欲，所以，我们交换的是真心话。

在这一秒钟，刚过17岁的我觉得自己是闪闪发光的女主角，这是我10多年中的高光时刻。那天回到家，我对着镜子看了很久，晚上甚至梦到了小吴同学好看的侧脸。

但归根结底，我是李大圆，不是可爱的樱桃小丸子。

3

高三那年的冬天，外公去世了，他是最爱我的长辈，我在他的眼里是真正的"樱桃小丸子"。我从小在他身边生活，他最偏爱我。在他生命最后的那几个月里，我每次到医院看他，他都强撑着跟我说两句话，嘱咐我要好好吃饭。我答应他要实现他的愿望，念最好的大学的中文系，但他终究没能等到我上大学。

因为太伤心，在很长一段时间里，我失眠、焦虑、吃不下饭，体重跌到90多斤，硬生生瘦出了尖下颌线。有一次，晚读下课，我叫上小吴同学去广场散步，他

来时提了一大包牛肉干之类的零食，塞给我说："你现在不像樱桃小丸子了。"想起我们在麦当劳见面的那天，也想起外公，我一下子哭了起来。他看着我哭，并不作声。大概过了五分钟，我用校服擦干眼泪，抬头又看到他锋利的下颌线，一时间有点恍惚，便脱口而出："我喜欢你。"

少年心性的另一个表现是冲动。在我说出喜欢他的那一秒，我看到他错愕的神情，接着他转过头，支支吾吾，半晌也没说出话来。我在那一瞬间明白了，他对我只有长久相处积累的关心，并没有喜欢这种情感。我佯装镇定地说了句"没关系"，然后提着零食回了教室。

再后来，我们高中毕业、上大学，小吴同学也谈恋爱了。有一年过圣诞节，他破天荒地给我发来了他女朋友的照片，娃娃脸，笑眼弯弯。"我当时并没有输在圆脸上。"这竟然是我在看到照片后的第一反应，我莫名地心生欣慰。

这么多年过去，我成长了很多，看了很多书，走了很多路，其实这也是一个寻找自己、接受自己的过程。尽管圆脸带来的自卑依然是藏在我身体里的魔鬼，在很多时候会跑出来，扼住我的喉咙，但我还是会尽全力去消解它。

大概再漂亮的女生都会对自己的外貌不满意，尖下巴也好，大眼睛也好，还是想变得更美。但是，美从来都是多元的，我们只能竭尽全力地向心之所向靠拢，而不是受困于此。

全世界我们最应该偏爱的那个人，应该是自己。

成长，就是成为自己的过程

刘斌

> 生活是个只对小部分人开放的剧场，我们没有办法迎合所有的观众，却有足够的能力取悦本心。

如果有一天，我把我的中学时代写成一本回忆录，吴颂无疑是这本书中最独特的一笔。

从初中到高中，吴颂连任五届学生会主席，把学校里大大小小的活动主持得风生水起。当我们为了校三好学生争得头破血流时，他轻轻松松就获得了省三好学生的荣誉。他走在聚光灯下，也走进了我们的视野。

那年暑假，学校组织学生会成员下乡进行社会实践。一路上，吴颂表现出强大的领导能力，他带着我们熟悉村寨，经常熬夜到凌晨。

下乡结束后，身为宣传委员的我需要在全校大会上汇报实践情况。距离上台只剩一个小时的时候，我突然发现存在电脑里的发言稿不翼而飞了。操场上的身影愈来愈密集，我的眼泪不可阻止地掉了下来。

"哭什么哭？你是小学生吗？"吴颂接过电脑，双指在键盘上噼里啪啦快速敲打起来。我的情绪虽然已跌落到谷底，眼泪却像关水龙头一样瞬间止住了。

十分钟后，丢失的文档重新出现在电

脑桌面上。我这才发现，当我们面对电脑只会下意识地点击 QQ 时，眼前的这个男孩早已熟练地掌握了各种办公软件。

我们升入高三那年，新校长大力整顿学生会，选拔方式也主张民主选举，一改往日的直接任免制。学生会主席选举那天，在十几个候选人里，我第一眼便看见了吴颂，他站在队伍最前方，像一棵笔直的白杨。可惜，票选结果却出人意料，面对少得可怜的得票，吴颂眼里跳动的光芒倏地黯淡了，他往昔的铁面无私早已让他失了民心。

失去学生会主席的光环后，吴颂主动辞去了学生会的一切职务，日夜与书本打交道。他依旧没有什么朋友，原本热闹的 QQ 空间被清空，白得像二月的雪。人们都在等着看一代"枭雄"没落的好戏，可他眼里的故事都上了锁，让人读不出一丝情绪。他像一匹沉默、孤傲的狼，从我们的视野中渐渐淡去。

天气一天比一天冷，连绵不绝的冷雨一层层卸去树的浓妆，让其露出直面天地的素颜。学校开始筹办一年一度的元旦晚会，主持人名单正式公布了，公告栏前立即围满了人。"今年主持人怎么不是吴颂了？他主持得很好呀！""总要换换新气象嘛，我倒是很期待新主持人的表现。"人群中不时传来惊叹、惋惜和欢呼声，一波又一波，海浪似的很快就把我的耳朵灌满了。

元旦那天，大家交换了从家里带来的零食，三三两两地讨论着晚上的节目。吴颂伏在桌子上，头埋得很低很低，像一条

游弋在深海的鱼。

高考轰轰烈烈地来了，考试、查分数、填志愿……短短一个多月竟漫长得如同一个世纪。光荣榜上，我看见第一名赫然写着"吴颂"二字。这个被灰尘掩埋的名字时隔一年，竟以最灿烂的方式重新登场，像那枝开在悬崖绝壁的红梅，有着横扫整个寒冬的美。

上大学后，我开始写一些文章，并尝试着投稿和参加征文比赛。记不清奋笔疾书了多少个日夜，我终于像那些年的吴颂一样，站在我曾经做梦都渴望的舞台上，大大小小的奖拿到手软。同时，质疑声也纷至沓来。聚光灯下的我像一个妆容厚重的新演员，脸上的每一处瑕疵、每一个微小的动作都被高清相机放大千百倍，我只好不断地用微笑来掩饰我内心的胆怯与不安。

"观众会选择感兴趣的演员，演员也是会选择趣味相投的观众的。好演员从来不会迎合大众的喜好去表演。"一别经年，再想起吴颂的话，多多少少有些"初闻不知曲中意，再听已是曲中人"的意味。我终于疲倦于时刻活得像一本三好学生手册，于是我静下心来，心无旁骛且笃定地沿着自己的轨道奔跑。愿来者自来，当我不再抱着刻意取悦他人的交友心态，并肩前行的人反而渐渐多了起来。

生活是个只对小部分人开放的剧场，我们没有办法迎合所有的观众，却有足够的能力取悦本心。而成长，就是不断成为自己的过程，这是我在整个兵荒马乱的青春里学到的最好的道理。

恰似溪水

潺潺

❀ 李柏林

日落西山，溪水潺潺，我们骑上自行车，消失在青春的黄昏中。

那个女孩，留着厚厚的刘海，披着飘逸的长发，即使下课了，也不和旁边的人说话，好像藏着一整个青春期的心事。这是我对她的第一印象。

她叫陆兰溪，是我的同桌。人如其名，如空谷幽兰，山间小溪，安静地待在不起眼的位置，一点儿也不喧哗。可同学们却从不会忽略她的存在，因为她会画画。

每次班里要出黑板报的时候，老师便会点名让她画画。无论是风景，还是人物，她总能给人惊喜。

虽然我们都刚上高中，她却显得格外成熟。我们很少看到她的喜怒哀乐，因为她的头发总是把脸遮住一半。

我和她一样，在少年时代，总觉得自己不好看，即使天气很热，也要披着头发。

我问她："为什么不把头发扎起来？"

她撩起头发，说："才不要，我的额头好宽呢。"

我掀起额头上的刘海，和她相视一笑。

我们就这样成了朋友。

每次下课的时候，她都喜欢趴在课桌上，偷偷看言情小说，还让我帮忙给她盯梢，老师来了，就用胳膊肘碰碰她。

那时候，班里的女生热衷于讨论哪个男孩子最帅。每次我问她，她都摇摇头，指着自己的言情小说，说她的帅哥在那里。

而我却总认为，我也能创作这些故事。兴许有一天，也会有很多像她这般的女生，在课间看我写的小说。

她喜欢在数学课上画小说里的那些插图。下课后，她告诉我，小说里的女孩都有着飘逸的长发，肯定不会是死气沉沉的低马尾。

于是，我按照她说的来构思我文章中的女主角。大眼睛，长睫毛，瀑布一样的长发，都喜欢穿长裙。

我找了个笔记本，开始写自己的连载小说，写完一节就拿给她看。每一节留一处空白，她会在空白处，根据文章画上插图。

久而久之，一个笔记本写完，属于我们俩的连载小说也就完成了。作者是我，插画是她，我们还幻想着，有一天它能出版，我们就能举办一场盛大的签售会了。

高三的时候，她决定走艺术路线，去学美术。因为艺考和她画的那些漫画不同，所以她要学很多新的东西，而在我们那个小县城，学艺术的学生并不多。于是，她去了市里一个大学旁，参加集训。

那时候，学校不允许用手机，于是我们开始写信，讲述各自的生活。她说，在那个大学旁边有很多桐花，什么时候我们可以一起在花下散步呢？她说，她认识了新的同学，才知道自己以前的画都是小打小闹，一下子自卑了。

尽管高三的时光很枯燥，我们还是在信中互相鼓励。

高三那年，我因为文化课太差，所以搁置了写作。我会在晚自习后，将自己沉浸在数学题里。可是，我的数学依旧很差。有时我想，她一直在为自己的梦想奔跑着，画的画也越来越好，如溪水一般，流入更广阔的河流。而我的成绩一塌糊涂，写作更是毫无起色，前途渺茫。会不会有一天，她成了画家，而我永远也追不上她呢？

高考结束骑着自行车在山间的小路上闲逛。累了就坐在小溪边，用脚划着水。她问我以后想干什么。

我脱口而出："想写很多很多的爱情故事啊。"她说："那你一定要找我帮你画插图，这世界上也只有我知道你喜欢什么样的男生和女生了。"

我连口答应。那个时候，我还没发表过小说，天真地以为，小说的插图都是作者自己找人画的。我还在纠结，自己拙劣的文笔会不会配不上她的插图。

她说，每个人都是一条小溪，往前奔跑，流向自己的大海。当时，我对这句话似懂非懂，只想着，她的意思是告诉我，每个

人都是独一无二的。日落西山，溪水潺潺，我们骑上自行车，消失在青春的黄昏中。

我没有想过，这是我们最后一次见面。

后来，她去了北京的一所艺术院校，而我的成绩并不理想，去了合肥学新闻。上了大学后，我们一开始还有联系。可毕竟我们有着不同的生活，在不一样的城市，我们之间能说的话题越来越少。高考前夕，我们互相写信打气的激情已不复存在。

再加上后来微信盛行，我们常用来联络的 QQ 使用得也不再那么频繁。直到有一次，我 QQ 被盗，联系人少了一大半，我再也分不清哪个是她了。

大学期间，我看了很多杂志，每次看到杂志上男生女生的插图，我都会下意识地看一下插画师是谁。我依旧在日记本上写着自己的连载小说，幻想着有一天，我的插画师会是她。

有一次，在大学的课堂上，老师说："新闻这个专业不能局限于书本，要去报社和电视台历练，生活处处是课堂，遇见的人和经历的事多了，你们才会成长。"

我突然想起，我们最后一次见面时，她说的话——每个人都是一条小溪，往前奔跑，流向自己的大海。

我这才明白，成长的路上，有些人即使说着一起走，也会因为身不由己而走上不同的道路，恰若溪流会有不同方向的分支。但只要怀抱初心，我们总能奔向属于自己的星辰大海。

如今，每当我看到小溪，还是会想到她。潺潺流动，恰若她步履不停，静心打磨自己。我想，我也应该如此。

青春没有白走的路

✳ 程则尔

> 人一旦在人生的一些关键节点上，独立自主地做过抉择，是可以迅速成长起来的。

高一上学期还没结束的时候，学校就要提前进行文理分科，应试教育之风刮遍四野，让很多预备选理科的同学过早放弃了文科科目，专心致志攻打理科山头。

历史课上，我把刚刚发下来的历史试卷随手塞进抽屉，躲在书堆后悄悄啃起了化学教材，运气不巧，恰好被历史老师撞见。一向温柔的女老师，那天却出奇愤怒，批评我的调门几乎震响门板："你要是就为考试而学，那大可不必辛辛苦苦来学校了，就在家里请个理科家教不是更好吗？"

那时，我并不太赞同她"全面发展"的教学观，但迫于师威还是收敛了自己，老老实实学起了历史，直至这门课程随着文理分科彻底退出课程表。

花费宝贵时间去学习不在高考范围、不决定前途命运的知识，意义何在？我觉得自己浪费了不必要的精力，直到在告别学生时代多年以后，沉默的岁月给了我另一种回答。

是初雪来临的冬天，我独自穿越小半个中国来北京出差。忙完工作后是下午三点，走出室外，惊诧地发觉现代化都市一片银装素裹，瞬间美成了旧梦中的北平。

忽然兴起，决定去故宫看一看。当那片庄严肃穆、黄瓦朱墙的宫殿映入眼帘，和曾在历史教材中看过的图片完全吻合时，那些原本以为早已遗忘的历史知识，刹那间以震颤的姿态翻身苏醒。

那个下午，在打卡拍照、走马观花的匆忙人群中，我独独像一个缓慢醉心的痴者，深度触摸到历史繁复美丽的花纹，犹如身处飞速旋转的大地中央，四周浮现泛黄的无声默片。得益于高中时代的提前预习，我知道这里有多少帝王的兴衰荣辱，听得见广场中央飞驰过的千乘万骑，闻得到一个时代的灰飞烟灭——多少红尘隐去，让人热泪盈眶。

我终于肯承认，那一年痛苦地背记历史，收获的意义不止于分数，还让我可以在奔波之中停下脚步，静听时空的回响，隔着展柜玻璃面对一件器皿或一把刀剑，看的不只是表面，而是一段传奇或一种气节。

和被动学习历史不同，语文曾是我最

热爱的科目。语文老师是一位教学理念很超前的人，很抵触上课对考点的粗暴喂饲，会带着我们看课外书、即兴演讲、编纂诗集。

重压一般的高三间隙，我尽情地享受着这片喘息之地。私底下，我每周都会写一篇周记交给语文老师批阅，内容、题材不限，甚至天马行空的言情小说也能得到她的肯定。师生间的纸上对话，一直延续到高中毕业，那些稚嫩的周记作为文学素养最初发源地，被我细心保留至现在。

上了大学，语文科目跟中文系以外的学子再无关联。毕业以后，日常对话简单浅显，根本不需要调动语文储备，碰见表达上的错误或困惑也多是一笑了之，不会有人跟你坐下来较真，详细考据这应该如何遣词造句，那运用了什么修辞手法。

真的是"学而无用"吗？作为曾经的优势科目，它还是为我带来了一些与众不同的特质。练过的笔，鉴赏过的作品，加持了文学创作的初心与动力，使之成为业余时间自己与自己对话的途径。我还参加了大大小小十几场演讲，在周一刚刚升起的国旗下，在校园电台前，在单位的新年晚会上，从小学开始一路陪伴我长大的语文科目给予我准确的表述与丰富的词汇量。当四周安静下来，无数凝视透过灯光穿越而来时，紧张的心跳被自信取代，让我在舞台上自带光芒。

人一旦在人生的一些关键节点上，独立自主地做过抉择，是可以迅速成长起来的。一如我因高考志愿填报失误被调剂到法学专业，放弃复读计划强迫扎根一样，那个毕业季，顶着来自父母、同学、辅导

员的不理解，我抱着法学学士文凭，追随梦想航迹进入一家报社实习。

在厚厚法典中历经四年的艰苦磨砺，却和当前职业毫无关系，但冥冥之中仿佛总有割舍不断的维系，为陷入瓶颈的自己提供一把解困的金钥匙。得益于具备法律素养，那种助推作用是如虎添翼、好风借力般的，不仅仅是为朋友提供一些法律建议。我可以轻松上手法律口新闻，知道涉及著作权的事哪些能做哪些不能做，对采访到的现象可以当场判别是否合理合法，进而以更加理性严肃的视角探知新闻一角背后的真相冰山。

寒窗十年，为了什么？曾无数次黯然，自己的知识巅峰期一去不返，毕业之后记忆呈下降曲线，在没有时间学习的打工之路上沦为了废人。却又无数次振奋，人生哪有白走的路，每一步，都算数，也许现在的你无法再考出一个漂亮的分数，但从来都不曾辜负当初那个努力的自己。

优美的函数曲线，醉人的历史图谱，异域风情的英语课文，洋流与热带鱼的交错流动……历史之美，地理之奇，数学之深，物理之妙，其获取的意义不仅是一张大学入场券，还构建起少年的生活常识，凝练成感悟美的能力，无形中影响着每一次选择，让我们在与人交流时有避免冷场的话题可讲，即使身陷尘埃内心也能时常翩翩起舞。读过的书，行过的路，是一粒粒种子播下，一株株藤蔓生长，长成联结世界的触角，缠满岁月的老墙。

那一年你把青春镌刻进书山题海的时光，意义非凡，如此闪亮。

当我仰望星空的时候

✿ 闫晓雨

> 只要你和自己内心的星空真正对视过一次，它就无处不在了。

你有没有经历过那种其实啥事儿都没发生，但就觉得抑郁迷茫的时候？客观世界完好无损，主观世界却每况愈下。

昨天夜里，伍月小姐姐陪我在小区里玩滑梯，我躺在直径不足两米长的儿童滑梯上仰头看着天空，天上隐约地散布着一些不那么明显的星星。城市的夏天，星星根本看不清楚，但也不至于全军覆没。

我们两个人说起毕业这些年来的际遇，不禁感慨时间过得快。然后我突然想起，大学最后那年，同学们都出去实习了，宿舍里只剩我和另外一个女孩。我平均每两天刷一部韩剧，不眠不休，不下床，不化妆，除了洗澡、上厕所、打水，平时基本不会出门。每天晚上，我都会戴上口罩去食堂买一盘炒土豆片，快去快回，不太愿意见人。

北方的冬天在我印象里是很寂静肃穆的，食堂与宿舍之间，有一个小小的篮球场，因为天气太冷而变得孤零零的，无人问津。我提着饭，路过那里的时候，会停下来，发一会儿呆。看着星空，一个人听着《夜空中最亮的星》，眼泪不自觉地就掉下来了。

天上的星星可能每晚都会出现，地面上的人各司其职，万事万物，都朝着自己既定的轨道走去。那时，仿佛只有我自己像是被滑落在外的废弃陨石，找不到一个支撑点。

那个瞬间怎么说呢？我的真实感受是，既不迷茫也不痛苦，只是"感觉自己这辈子就这样了"。

那时的心愿真小啊

一个还不到 20 岁的女孩，因为脚下轻飘飘，找不到方向，就武断地掐断了和外界发生振动的任何可能性，浑浑噩噩，茫然度日，甚至还给自己下了"这辈子就这样了"的命运判决书。听起来还挺没出息的。

今天的我，当然可以大言不惭地批判那时的自己，"你也太不具备努力的自觉性了"。可彼时能量实在有限，或许逃避、隐藏、把自己包裹起来，是那个时候的我在迷茫中唯一能想到的办法。

这样说，不是为懒惰找借口，而是因为太年轻，经历得太少，不知道未来如何，选择也太有限了。

那个冬天过后，我来了北京。突兀的决定，也没有方向，手忙脚乱地租房子，找工作。那时，我在实习杂志社合作的摄影师哥哥替我租好了东五环的一间次卧，我从内蒙古拉着一个鲜绿色的皮箱就来了，里面装了几件衣服、电脑、书和一堆杂乱无章的小玩意儿。搬进去以后的那个周末，我们去了宜家，买了一大堆东西拿回去装饰屋子。

但大多数时候，我还是不喜欢待在自己的房间里，经常跑到隔壁室友那里。他的屋子大一些，还有扇很大的落地窗，铺上咖色地毯，收拾得很精致。很多个夜晚，我们都会坐在地上一起看电影。

桌子上是从商店淘回来的 19.9 元的白色镂空台灯，点上蜡烛，整个房间就像星空一样温馨。

我是从那个时候开始慢慢复苏的。大学时候我写的很多小说被重新拾起来，也找到了一份还不错的工作。业余时间，我还和各种报纸杂志合作，采访了许多名人、明星，也陆续有出版商找上门洽谈出书。我过得忙碌且充实。

一年之后，室友结婚，搬离了那里。我便从隔壁搬到了那间大屋子，看着大大的落地窗，有种忐忑的满足感。

现在回想起来，那时的心愿真小啊，就是从 8 平方米的房间换到 13 平方米的房间，失眠的时候，可以趴在窗台边看星星。

说来也怪，其实我从小生长在草原上，草原的星空是很惊艳的，碧空如洗，暮色四垂，一块巨大的幕布上繁星点点，眨着眼睛，都是远方的精灵。星星在盛夏和隆冬格外明亮，走在没有人的大街上，会感觉自己置身于宇宙中心。

从前在内蒙古，我是很少抬头看星空的，后来读书、工作，离家来到了城市，才开始迷恋上星空。但城市太耀眼，反倒叫人看不清。

去年，我和朋友一起去了香格里拉，

几个人趁着夜色正好便出去逛逛。3300 米的海拔，一般不会产生高原反应，我们扎进超市买高原牧场自产的雪糕，坐在路边，瑟瑟发抖地碰杯。身边的广东妹子思思说"从小到大都没有看过这么好看的星空"，我抬起头，觉得和我从小看到的并无二致。但那时的我同样心潮澎湃。太久了，太久没有过仰望满天星光的时候了。

我们大家手牵手闹着唱起《夜空中最亮的星》，恍惚之间，我又想起那个站在宿舍楼下，拿塑料袋拎着土豆片，不知未来何去何从的小女孩。

我很想告诉过去的自己，不要把当下的迷茫想得那么糟，你看，不管发生了什么，星空还是在那里呀，一切都会好起来的。

这些，不是你一个人的问题

每年毕业季前后，我都能收到许多读者的私信：不知道自己将来要干什么，没有明确的方向，感觉自己什么都不会，没有拥有任何独特的技能，也找不到最喜欢的事情。"我很担心这样下去，我会变成一个废物，但我好像又毫无办法。"纷纷扰扰的年轻人，殊途同归的老顾虑。

我知道以自己浅薄的经验，并不能给大家带来什么实质性的帮助，但还是很想告诉他们：

第一，这不是你一个人的问题，更不是"你的问题"。

请正视迷茫与焦虑的合理存在，本质上，我们都是因为想要变得更好，才会奋力挣扎。不必对自我怀疑这件事抱有羞耻

感，觉得撑不下去的时候，可以适当地逃避，但要给自己一个明确的缓冲期。你要允许自己脆弱，但不能允许自己沉迷于脆弱。

每个人释放压力的方式不一样，但比起我大学时代那种不健康的"堕落"，合理运动、旅行、看电影，或许是打破瓶颈的更好方式。

第二，很多人说自己找不到喜欢的事情去做，甚至分不清哪些工作是喜欢的，哪些工作是不喜欢的。

其实很简单，喜欢，就是情不自禁去做的事情。是不给你钱，你也可能会去做的事；是不让你做，你就感觉不开心的事。

就像夏天会出汗，天冷要加衣，见到喜欢的人忍不住脸红心跳，喜欢，就是一种生理本能。找到喜欢的事情努力去做，不用刻意坚持，也能游刃有余。

第三，当时间消逝的速度并未换来同等密度的成长，不要急着否定自己。

近来我就特别嫌弃自己，不够努力，不够优秀，和我同期来到北京的朋友，不是攒到了首付，就是拿出了更满意的作品，一夜之间，我感觉自己好像又被打回了原点。

但现在的我，已经不是那个站在宿舍楼下手足无措，只会呆呆掉眼泪的女孩了。我没有变得更好，但起码也没有变得更糟。我有足够的勇气和底气，踏踏实实走好每一步。一边踉跄前行，一边重整旗鼓。

我很喜欢的作家前两天发了条微博："脚下泥泞没关系，我见过星空。"这也是我想说的话。只要你和自己内心的星空真正对视过一次，它就无处不在了。

我知道，你终将闪耀

❋ 刘征胜

> 它的内核属于青春，属于拼搏，属于踔厉奋发的你我他，属于撸起袖子加油干的甲乙丙丁。

1

第一次模拟考试的答题卡发下来了。

答题卡是倒扣在书桌上的，我战战兢兢掀开一角，眼角的余光扫到一串鲜红的数字，心霎时跌到谷底。在一个排满课的下午，我丝毫没有进入状态，失败的阴影笼罩在我的心头。是进，还是退，我心里开始打鼓。

3个月前，我下定决心挑战考研，瞄准了适合在职攻读的管理类硕士。为稳妥起见，我报名参加了一家考研辅导机构开办的培训班。此时，辅导班已开课2个月了。是"插班"赌一把，还是稳妥地选择来年？我选择了前者。我是有底气的，除了英语是多年没碰、需要恶补的科目之外，综合能力中的数学、逻辑和写作这三大板块都是我学生时代的长项。虽然时过境迁，但重拾起来，我还是信心十足的。

此刻，我却踌躇了。3个月的火力全开，并没有换来我想要的成绩。我第一次模拟考试的分值在50多人的培训班里位于中下游，低出班级平均分近10分，较上一年国家复试线低了近30分。我瞄准的目标是中国科学技术大学，它是自划复试分

数线的，历年比国家复试线高出20分以上。这所大学曾是我高考的第一志愿，多年来未能入读的心结一直缠绕着我，近乎成为一种执念。眼看研究生招生报名即将开始，第一次模拟考试的失利不啻给了我一记闷棍。

2

晚上，我照例伏案刷题，笔始终停留在那一页，心却如脱缰的野马，不自觉地拨弄手机，刷着微信好友列表，手指停在一个熟悉的微信昵称上。他是远在陕西的"老铁"秧秧。我们好久没有联系了。

我和秧秧聊了起来。我向秧秧诉说了我的苦闷，委婉地流露出退缩的念头。

劝慰我一番后，秧秧给我发来一个链接，来源是《人民日报》公众号。

这是一篇网络推文，题目叫"我知道你终将闪耀"，作者伊心。我粗读前半部，了解到这是一个叫桑雨的女孩考研两次失利三战成功考入清华大学的励志叙事，虽然文章情真意切，但我总觉得有几分不吉之兆。

秧秧似乎心有灵犀，说道："不是让你去'二战''三战'，而是希望你不抛弃，不放弃，要相信所有的努力都不会被辜负。"

我细细品读起这篇阅读量超过 10 万的文章。文章叙写的是两个女孩因共同的考研梦想相遇后，各自选择不同的赛道追逐梦想的故事。一个是作者本人，一个是她的考友桑雨。她们的共同目标是清华大学，遗憾的是，两人均以数分之差落榜。而后，作者选择了调剂，桑雨选择了重新来过，并在第三年得偿所愿。作者对她表示由衷的祝贺和钦佩，并在桑雨的感染下演绎了一段出彩的人生故事。

③

我陷入了沉思。一个女孩为了梦想赌上 3 年的时光，前路未卜，踽踽独行，周遭的压力紧紧将她包围，这需要多大的意志与勇气！作者在文中如是描写："每天十四五个小时的复习强度。""没有暖气的冬天，她独自一人在出租房里抱着热水袋看书做题。""那些黑漆漆的夜里睁大着眼睛寻找希望的孤寂。" 我的心剧烈地震颤起来，我没有理由半途而废，必须迎难而上。

"倒计时 72 天，"我在心中默念道，"既然选择远方，便只顾风雨兼程，也许阳光真的藏在风雨后。"我将微信号的个性签名修改成"犯其至难，图其致远"。

这八字正是桑雨给予作者"为什么抱定清华大学"的坚定回答。

④

我对应考形势进行了研判。培训课程是采用模块化推进的，依次为基础复习、系统复习、巩固突破和强化冲刺四个阶段，其间穿插三次模拟考试。由于我"轮空"了基础阶段，这使得系统复习的压力很大，时常跟不上节奏。在巩固和冲刺阶段，我必须付出更多的艰辛，努力补回前期的"跳空缺口"。我重新规划了备考方案，不再亦步亦趋地跟着培训课程走，而是腾出时间来夯实基础，对照考试大纲，逐一排查每门课程的薄弱环节，按照时段的余缺和精力的峰谷匹配最佳的复习时段，落实到每一个知识要点、每一道典型例题，争取"弯道超车"。

我屏蔽了一切外界的喧嚣，在意念中与桑雨赛跑。不知道多少次崩溃后又坚强起来，不知道多少次落泪后又忍下去，每当奋战到子夜时，我习惯性地抬头仰望浩瀚穹宇，总觉得有一颗闪耀的星辰属于素昧平生的她，她在鞭策我，去争分夺秒地攻克一座又一座堡垒，蹚过一条又一条冰河，全身心地拥抱对未来最恳切的希望。

5

很快，我迎来了第二次模拟考试。这一次的难度堪称空前，很多同学颓丧地走出考场。就在我独自缓释这份挫折和焦虑的时候，成绩却给了我不小的抚慰。在班级平均分比第一次模拟考试下降9分的情况下，我的分数高出平均分18分，跃至班级中上方阵。我看到了微微曙光。

我及时总结了第二次模拟考试的经验与教训，进一步优化应考攻略。在巩固知识点、保证准确率的基础上，我着眼于速度的提高和技巧的运用。我开启了疯狂的刷题模式。在高峰时期，1天1套模拟试卷，坚持了整整1周。

第三次模拟考试是在考研前2周进行的，难易程度与真题相当。我考出了有史以来的最好成绩。就在我全力冲刺的时候，一只猝不及防的"幺蛾子"突然降临。

这是一次不同寻常的流行性感冒。我不住地流鼻涕，嗓音变得沙哑，而后开始高烧。流感在冬季很常见，但偏偏在即将走向考场的节骨眼儿上，我的情绪变得焦躁不安。在考前的那天晚上，月朗星稀，薄薄的云雾中，我依旧觉得有一颗星星在眨着眼睛，为我守候，为我祈祷。

我拖着病躯走进考场，以极大的意志力完成了全部的答题。当结束的铃声响起，如释重负的我热泪盈眶。

6

二月中旬，考研成绩出来了，我破天荒地闯进了班级前八。按照老师的预估，进入复试已经没有太大悬念，可以提前准备了。

我深知行百里者半九十，未敢有丝毫的懈怠，因为即将面临的，是一所名校淘汰率不低的复试，成败在此一举。我无法接受自己在最后的关头折戟沉沙，必须一鼓作气，慎终如始。

我多渠道了解了中国科学技术大学近年来该专业复试的相关政策，开始关注当前的时事政治和财经热点，整理起近年来的学术成果和奖励证书。三月的一天，我接到招生老师的电话，告知了复试的相关事宜。我重现了数月前备考的"炼狱"场景。

临近端午，在中国科学技术大学的招生信息平台上，我终于看到自己的动态信息，由"复试待定"切换至"拟录取"。我终于和桑雨一样，心怀赤诚，一路跋涉，闯过了梦想的终点线。

7

我第一时间与秋秋连线，分享我的喜悦，感恩那篇推文在至暗时刻给予我的感动和力量。秋秋秒回了八个字，外加两个标点符号："我知道，你终将闪耀！"然后便是满屏的礼花。同时，秋秋告诉我，他曾将这篇推文转发给了他的"发小"和大学同窗，他们也都成功"上岸"了。

我心头一热，原来这篇推文的受益者不独我一人，它在更多的执着向上的人的心湖激荡起涟漪。它的内核属于青春，属于拼搏，属于踔厉奋发的你我他，属于撸起袖子加油干的甲乙丙丁。我相信，每一个被它治愈的人终将闪耀，"如日光投射辽阔原野，如流星之于无垠天际"。

当我不再害怕虫子

❋ 水云身

倘若光源够近，蚂蚁的影子也能被放大成恐龙。若我们继续向前，看清真相后，是不是会庆幸，还好没被影子吓倒？

小时候，虫子是我在这个世界上最大的敌人，不能见面，不共戴天。它遇见我，扭着身子使劲爬走。我看见它，一跳三米远，恨不能飞上天。

要是遇上我俩都无处可逃，那就有好戏了。它用不知是头还是屁股的地方冲我使劲扭，企图采用魔法攻击恶心我，逼我撤退。而我会爆发足以把我耳聋的太奶奶从睡梦中叫醒再吓得转两圈的尖叫，妄图使用法术攻击让对方灰飞烟灭。

当然，我俩谁的功力都没到位。事情的最后通常是我妈听到叫声以为我碰了头磕了脚，从另一个屋子以奔跑的速度冲出来。看到我在跟一只虫子对峙后，轻描淡写地用纸巾把虫子捏到乌龟缸里。就这样结束这对峙。

同样是小小的家伙，蜻蜓、蜜蜂这种会飞的，我不怕；蚂蚱这种一激动能蹦人脸上的，我就觉得好玩。但没腿的或者腿特别多的虫子，总能站在我的恐惧神经上蹦迪。不管其怎么变换"皮肤""身材"，但凡见到一个柱状物在地上扭，我那一天嗓子眼里都好像堵着什么黏腻的东西。

小时候特别喜欢看《动物世界》之类的纪录片，对大自然充满向往。看呀，非洲草原上象群向橘红色夕阳走去，澳大利亚戴恩树雨林有二百三十多种蝴蝶翩翩起舞。通过镜头，我看到了世界的辽阔，知道地球还有无尽大的地图等我探索。每每"谢谢观赏"四个字跳出来，我都如同被强行从美梦中叫醒，意犹未尽。于是我心底长出了人生中的第一个愿望：我要做纪录片摄影师。

梦想燃起时总是热血沸腾，但一想到在那密集的植物里，虫子定会无处不在，心里的小火焰便瞬间熄灭了，只剩几缕细烟屑弱地随风飘散。小小的虫子，竟成了我追梦路上最大的阻碍。

我妈对我极其害怕虫子这件事表示特别纳闷。我妈问我："它能咋的，能跳起来咬你一口？"

它会不会咬我，我没验证过。因为害怕，我从没给过它咬我的机会。

长大后，我又多了一个害怕的东西，那就是数学。有那么一段时间，"数学"在我心里也是一个可怕的存在。

我不讨厌数学，为了实现摄影师梦想，还学得特别认真。但上天不仅把我的数学天赋的窗关上了，还咚咚钉了两根木头，我学来学去，成绩依旧原地踏步。分数一次次刺进眼里，十几岁的我开始自卑、内耗，甚至恐惧。

数学让我像个笨学生——我那时候这样想。明明已经那么努力，成绩却还是不

见起色，而其他科目我只要学一学就能拿到让人羡慕的分数，这不是证明我大脑左额叶不及格吗？难道我不如别人聪明吗？难道我不是正常人吗？我不信。我只好逃避数学，怕印证这个猜想。

每次上数学课我都感觉耳朵轰隆轰隆响，写数学作业时我总觉得算的结果一定不对。如果遇上数学考试，那我头天晚上肯定失眠，像是枕在木头枕头上；就算睡着，梦里也有一道道数学题匍匐在白纸上，朝我龇牙咧嘴，像速度极快的蜈蚣，像蓄势待发的蜘蛛。

我当然谋划过在数学考试这天装病，也曾期望上学路上做个什么见义勇为的事情，这样既能不参加数学考试又能大受表扬。我还在深夜对着星星双手合十祈祷数学老师办公室被偷，考卷全部失踪——嗨，这一段数学老师不能看。

但第二天根本什么都不会发生，我终究还是要坐在凳子上写试卷，自我否定，怀疑，把写好的答案擦掉，忍住眼泪，在脑海里撕卷子、大吼大叫，右手却从不敢停止运算。

直到无意中看到一句话，原话是什么我忘记了，大致意思是，逃避不能解决任何问题，只有向前走，问题才有解决的可能。

我忽然就想，是呀，每一次失眠、颤抖、内耗，除了折磨自己，什么都不会改变。地球依旧会转一圈，天亮后考试依旧如约而至，那我为什么要内耗呢？

反正上数学课都要用耳朵收集声音，那我不如自己来选择音色。

于是某一节数学课上，遇到没听懂的地方，我鼓起勇气举起手，问老师。

当勇敢的次数多了，勇敢就会成为习惯。

我开始频繁去办公室问题目，或请教数学好的同学。我会有针对性地大量刷题，以及与同学一起讨论解题思路。在这么多勇敢的"开始"中，我逐渐找到了适合自己的学习方法。当数学考试来临，我居然摩拳擦掌，跃跃欲试。我想看看这一次考试成绩，能比上一次高多少。

我发现我的大脑左额叶，它真棒。

再后来，期末、升学、分科，我渐渐忘记曾有那么一段时光，数学带给我的折磨。

那么，又是从什么时候开始，我看见虫子时只在心里哼一声"哦，虫子啊，真恶心"，然后淡淡地走开呢？

好像是当我发现，它除了扭来扭去恶心我，也不能把我怎么样；它不会真的咬我一口，也不会自我引爆，喷我一身黏液。它的底牌也只是扭一扭而已。

后来我才想明白，它之所以扭来扭去，是因为它也害怕我，想用这种方式吓退我。如果我心底毫无恐惧，是不是逃跑的、尖叫的就会是它？

哼，色厉内荏罢了。

就像周杰伦唱的："继续前进，他们畏惧，睁大眼睛，他们躲避。"

在这个世界上，令我们恐惧的事情挺多。当恐惧降临，与其逃避，不如面对。当我们勇敢地直视恐惧，就会发现，原来多数恐惧往往都是虚张声势。让我们害怕的是幻想出来的坏结果，而不是事情本身。倘若光源够近，蚂蚁的影子也能被放大成恐龙。若我们继续向前，看清真相后，是不是会庆幸，还好没被影子吓倒？

在一个人偌大的勇气面前，恐惧简直不堪一击。

就像那一场场数学考试，干脆放弃数学的确简单，可结果也将令我悔恨。最初我只是想要用迎接它去打败它，没想到却因为了解它而治愈了它。瞧，勇气会带来附赠的惊喜，人生每个阶段的恐惧也有保质期。就连曾经救赎我的话，多年以后我都忘记了，还有什么大不了呢？

要成为拍摄纪录片的摄影师，还有多少困难，我不知道。但我知道，不再害怕虫子，是我走向梦想的第一步。

香水有自己的想法了

✽ 陆晓彤

> 只要有爱就可以了，另外的交给时间。成长总是需要时间的。

人身上的气味其实是不一样的。大多数人的气味很类似，就是人的气味。那些微妙的不同需要很认真、很刻意、很细心地去闻，才能真正感受到。它不像各种香水，还分前调、中调、后调，层次分明，把香水喷在手腕上，那些各种名字的花

啊、草啊、水果啊，就暂时寄居在身上，随时都在起舞翻飞，让人觉得美好。璐璐悄悄喷过香水后，心想，大概很多人都觉得自己的气味很一般，所以那个聪明人才发明了香水吧。

班主任在说十八岁成人仪式的相关安

排时，璐璐就突然闻到了一股熟悉的人的味道，是沉重、浓郁的油烟气味，夹杂着一些湿了又干，干了又会覆上一层的汗液气味。几乎是一瞬间，那气味从鼻腔直冲脑门。她下意识地往旁边看了看，目光又掠过同学，不安地望向门口——没理由啊！

这种气味，璐璐每周会闻到一次，有时候是两周，这取决于学校多久放一次假。现在，只要璐璐放假，爸爸就算再忙，也会回家做一顿饭菜。璐璐高三了，爸爸似乎在用这样的方式弥补。一起吃饭的时候，璐璐就闻到了爸爸身上的气味。那油油的、腻腻的、充满暑气和汗液的味道藏在香气底下，但璐璐总是能够识别，这是爸爸的气味。

"学校准备邀请一部分家长录制视频，说一些祝福语，"班主任说，"到时在仪式上播放，很有纪念意义。大家回家可以问问父母，要交视频的跟我说。"班主任没有带什么感情地说完了学校布置给她的任务，转过身，开始在黑板上写起了题目。就是在这个时候，爸爸的气味在那么多同学的气味底下溯游，精准地找到了璐璐，袭击了她。

璐璐潜意识里的念头似乎正在变成现实，可怕的感觉让她本能地抗拒。班主任说话的时间里，璐璐的爸爸好像完成了瞬移，出现在教室里，被同学看见了，闻到了。她太不想，太不想自己的爸爸出现在同学面前了。她不想爸爸被同学和老师看见，就像她不想站在台前被人从头到脚观察一样。只要站在台前，所有的一切都会被放大。

首先被放大的，就是璐璐有这样一个爸爸的事实。璐璐想，厨师身上的气味就是跟其他人的不一样。他总是浸泡在油锅翻炒各种食材的气味里，全身上下都有着厨房的气味，再不擅长区分气味的人，都能闻得出来。就算闻不出来，估计也看得出来。"我的爸爸长着一张大饼脸，他最会做菜了。他的胳膊很粗，很有力量，一下子就能把我举起来……"小学三年级的时候，璐璐就在作文里描述过厨师爸爸。用这些特征对照一下，大家就能知道，这个人的职业可能是厨师。那时候璐璐还满不在乎爸爸的厨师身份，但是现在，璐璐长大了，一切都很不一样了。

尤其是当璐璐发现，有些人原来出生就在罗马，而她就算像夸父一样跑，都不一定能到达那里时，一种失落的情绪就彻底包围住了她。为什么她的爸爸就只是一个厨师，一个大年三十都要在饭店里为别人做年夜饭的厨师？璐璐羞于让她的爸爸被大家看见，如果被看见，那她的一切都会出现在同学的想象和比较里。

璐璐太害怕真相被发现了。所以，她不会跟家里人说有关十八岁成人仪式录制视频的事情。她不想自己的爸爸戴着厨师帽出现在视频里，被大家看见。璐璐不喜欢成为主角，只想做一个透明的、没有奇怪气味的人。

那周回家，依旧是爸爸掌勺，烧了璐璐喜欢吃的菜。席间，没有什么特别的话题，妈妈依旧是家长里短地说一些事情，爸爸"嗯啊嗯啊"地听着。璐璐的心一直悬着，恍恍惚惚的。不用说吧，录视频的事，连说都不用跟爸妈说的。璐璐在心里告诉自己，不说就不会有任何意外。爸爸的气味不需要被其他更多的人闻到。

"妈妈，成人仪式那天你来参加吧，每个同学都要有一个家长陪着，说是要见证一下。"璐璐夹了一块糖醋里脊，有些漫不经心地说道。确定了时间和大致的安排，妈妈答应了下来。吃过饭，妈妈走进卧室开始捣鼓起来，说是要找一件好看的衣服穿。璐璐心想，还真是妈妈靠谱。起初那些担心、害怕，以及对爸爸的那一点点愧疚感，一下子消失了。这样，就没有关系了。爸爸，只是我的爸爸，他的气味不需要让大家闻到。璐璐想，不会发生的，教室里、操场上、仪式那一天所有需要经过的路上，都不会出现爸爸的气味。这没有什么关系，别的同学也有可能是妈妈陪，而且璐璐是女孩，女孩跟妈妈更亲吧。

十八岁成人仪式这天，一切都很好，风和日丽，鸟语花香，天时地利人和。璐璐的妈妈打扮得非常得体，除了头发上有淡淡的发胶味之外，没有什么其他的气味。

那天，直到整个仪式快结束，璐璐都没有闻到那股熟悉的油腻气味。到了最后一刻，所有的家长都按照学校的要求，拿出了准备给自己孩子的成人礼物。妈妈给璐璐准备的是一个精致的小盒子，用漂亮的包装纸包裹着，还有一个蝴蝶结。璐璐笑着拆开了礼物，是一小瓶气味清淡的香水。妈妈说是她和爸爸一起挑的。

璐璐始终不知道，爸爸妈妈为什么会选择送一瓶香水，大概拥有香水就代表着成人的开始吧，虽然璐璐在高中毕业前并不会用它。各种新媒体平台上会有人支招该送什么样的成人礼物，有些说可以送口红、香水，有些说可以带孩子去献一次血，有些说可以送小时候落下的乳牙。谁知道呢？也许爸妈搜索过了吧，也许只是巧合。

璐璐不知道的是，爸爸热爱这份职业，但也苦恼自己从来没有参加过一次家长会。璐璐上小学的时候，他太忙了。等璐璐大些后，她就不想爸爸去参加了。一定是有原因的！但原因并不重要，就像爸爸妈妈发现璐璐在平板电脑上搜索过"厨师身上都会有气味吗""怎么去除"这些问题，也不重要。

只要有爱就可以了，另外的交给时间。成长总是需要时间的。

飞入青春的毕方鸟

✽念念

如果不是她写出那篇鼓励我们的文章，或许我的青春、我的梦想都会被那团"怪火"灼烧殆尽，化成一堆灰烬。

1

16岁那年的高一，我比别人晚了两个月入学，而且是拄着拐杖一瘸一拐地低着头走进教室的。

暑假里我出了车祸，小腿骨折。如今受伤的腿已经很少再痛，可我似乎依赖上了拐杖——与其被同学笑话我是个跛脚的残疾人，不如用拐杖掩盖我的怪异，让骨折成为合适的理由。

教室里，来自各个初中的同学们已经度过了最初的磨合期。虽然同为新生，我却因为晚入学两个月，变得像是一个转学生。我总是一个人坐着，心中满是压抑感，大脑里全是医生压低声音和妈妈说的话："正常情况下，她可以正常走路了，走路时还不自觉地跛脚，需要做进一步的检查来确定病因。"

同桌是一个成绩不错的胖女孩。她全神贯注于自己的学习，其他同学也行色匆匆，没有人会像曾经的初中同学那样好奇或热心地关注我为何受伤。我们在各自的青春里行色匆匆，就像无数条并不相交的平行线，孤独地朝着自己的高考目标奔跑。

2

高三的日子像上了发条一样，黑板上倒计时的时间在一天一天地减少。那年初冬的一个晚自习结束后，妈妈因为有事没来接我，我便一个人拄着拐杖默默选择从

一条人少的小巷子穿行回家。

在寂静的夜里，我突然听到另一条巷子里几个人极力压低嗓音的恐吓声，夹杂着哽咽的求救声。求救声很小，但是我却很熟悉。因为她用这样微小的读书声在我耳边早读了两个多月。

我悄悄地走到巷子拐角处，看到欺负同桌的是三个女孩，应该是附近学校的女生在拦路要生活费。我抡起拐杖跑向她们几个，边跑边喊："我已经报警了，别想欺负我同学！"

快跑到她们跟前时，我把其中一根拐杖扔给同桌，我们两个人肩并肩和那三个女孩对峙。虽然对方一脸戾气，但好在她们赤手空拳，而我们手中正挥舞着坚硬的金属拐杖。最终，她们不服气地离开了。

3

第二天，同桌和她父母感谢了我，班主任还联系到我妈妈表扬了我。本以为这件事就这么过去了，就像青春里打的一个喷嚏，很快就会被淹没在冬日的寒冷里。

没想到，兼任语文老师的班主任竟然写了一篇文章。她还在晚自习时声情并茂地读了这篇文章："毕方是《山海经》中记载的一种鸟，它只有一只脚，并且随身携带怪火。人们嘲笑它的独脚，害怕它的怪火，将它视为异类。但是独脚的毕方，却在黄帝被蚩尤残部偷袭危在旦夕时，用自己的怪火烧退了蚩尤残部，救下黄帝。青春有时候就像一只毕方鸟，它飞入我们的人生，带给我们困扰或者悲伤，不容我们拒绝。既然如此，我们为何非要受那团'怪火'灼烧，为何不把它变成照亮梦想的火把呢？"

班主任读完那篇文章后，鼓励我们："大家一起聊聊闯入自己青春的毕方鸟吧。"

平时沉默寡言的同桌破天荒地率先举手："我想，我青春里的那只毕方鸟就是我肥胖的体态。进入青春期后，学习压力大、运动时间少，我好像喝水都会长胖。因为肥胖，我变得自卑又敏感。可也因为这份敏感，我把心思全放在了学习上。我拼命努力，让自己肥胖的身体里有一份底蕴，让肥胖的自己向青春交出满意的成绩单。"她满脸通红，应该是鼓足了勇气才说出心底的这番话。我心中微微触动。同为自卑女孩，我明白，她坦露心声的这份勇敢，是对我仗义相助最诚恳的感谢。

"父母的分开，是我青春里的那只毕方鸟。直到今晚之前，我心中对这件事还只有抱怨和不甘，但是听了大家的发言，我突然发现，既然这是我必须面对的分离，那我为何不去接受它呢？他们虽然分开了，但是他们对我的爱没有改变。"

那天的晚自习就这样变成了一场畅谈会，我们真诚地分享彼此心中的悲喜，将16岁的心事娓娓道出，感受到前所未有的轻松。

④

后来，我们班的凝聚力越来越强，我也在这个班集体里慢慢地和自己青春里突如其来的"怪火"和解。我依旧害怕自己未来无法正常走路，但我已经学会把害怕转化为当下的学习动力，用努力来一点点抚慰心底的恐惧。

那年高考，我从中考时的全市一万多名，考到了全市一千多名。我如愿考入腿受伤前不敢奢望的大学。青春里的那只毕方鸟，终究还是照亮了我的梦想。

毕业晚会上，我抱着带了我们三年的班主任，泪湿眼眶。如果不是她写出那篇鼓励我们的文章，或许我的青春、我的梦想都会被那团"怪火"灼烧殆尽，化成一堆灰烬。

班主任拍着我的肩膀安慰我，然后缓缓说道："那篇文章不是老师写的，是你妈妈写好，拜托老师读的。她希望这篇文章能让同学们接纳你的缺陷，也能让你获得一些激励。没想到，那篇文章不仅达到了你妈妈的预期，还帮助了班里的很多同学。"

晚会散场后，我远远地看着骑电瓶车在路灯下等我的妈妈，眼里再次泛起泪花。我张开双臂，以她曾经期待的模样，一路飞奔到她身后的座位上。

妈妈边骑车边笑着问我："今晚很开心吧？"这三年她一直这样，小心翼翼地观察着我的喜怒哀乐，大概比她自己当年高考时还要辛苦。我伸出胳膊，轻轻搂住她的腰，认真地说道："我很开心，妈妈，谢谢您一直在意我的喜怒哀乐。"

夏夜的风轻轻吹过，清爽惬意，就像妈妈的爱，轻轻吹过我的青春，抚平了少年的焦躁和叛逆。

答案写在路上，
自由藏在风里

世界正在我眼前自行展开，我觉得我能去任何地方，做任何事情。成为任何人。

思念

✽ 吴念真

> 孩子要是有遗憾、有不舍，爸妈心里有准备，他们知道唯一能做的事叫"陪伴"。

小学二年级的孩子好像很喜欢邻座那个长头发的女孩，常常提起她。每次一讲到她的种种琐事，你都可以看到他眼睛发亮，开心到藏不住笑容的样子。

他的爸妈都不忍说破，因为他们知道不经意的玩笑都可能给这年纪的孩子带来巨大的羞怒，甚至因而阻断他人生中第一次对异性那么单纯而洁净的思慕。

双方家长在校庆时孩子们的表演场合里见了面；女孩的妈妈说女儿也常常提起男孩的名字，而他们也一样有默契，从不说破。

女孩气管不好，常感冒咳嗽，老师有一天在联络簿上写道："邻座的女生感冒了，只要她一咳嗽，孩子就皱着眉头盯着她看，问他：'是不是咳嗽的声音让你觉得烦？'没想到孩子却说：'不是，她咳得好辛苦哦，我好想替她咳！'"

老师最后写道："我觉得好丢脸，竟然用大人这么自私的想法去污蔑一个孩子那么善良的心意。"

爸妈喜欢听他讲那女孩子的点点滴滴，因为从他的描述里仿佛也看到了孩子们那么自在、无邪的互动。

"我知道为什么她写的字那么小，我写的字这么大，因为她的手好小，小到我可以把它整个包——起来哦！"

爸妈于是想着孩子们细嫩的双手紧紧握在一起的样子，以及他们当时的笑容。

"她的耳朵有长毛耶，亮晶晶的，好好玩！"

爸妈知道，那是下午的阳光照进教室，照在女孩的身上，女孩耳轮上的汗毛逆着光线，于是清晰可见。孩子简单的描述中，其实有无比深情的凝视。

三年级上学期的某一天，女孩的妈妈打电话来，说他们要移民去加拿大。

"我不知道孩子们会不会有遗憾……"女孩的妈妈说，"如果有，我会觉得好罪过……"

没想到孩子的反应倒出乎他们预料之外的平淡。

有一天下课后，孩子连书包都没放就直接冲进书房，搬下世界旅游的画册便坐在地板上翻阅起来。

爸爸问他说："你在找什么？"孩子头也不抬地说："我在找加拿大的多伦多有什么，因为××她们要搬家去那里！"

画册没翻几页，孩子忽然就大笑起来，然后跑去客厅抓起电话打，拨号的时候还是忍不住地笑；之后爸爸听见他跟电话那一端的女孩说："你知道多伦多附近有什么吗？哈哈，有破布耶……真的，书上写的，你听哦……""你家那块破布是世界最大的破布""哈哈哈……骗你的啦……

它是说尼加拉瓜瀑布是世界最大的瀑布啦……哈哈哈……"

孩子要是有遗憾、有不舍，爸妈心里有准备，他们知道唯一能做的事叫"陪伴"。

后来女孩走了，孩子的日子寻常过，和那女孩相关的连接好像只有他书桌上那张女孩的妈妈手写的英文地址。

寒假前一个冬阳温润的黄昏，放学的孩子从巴士下来时神情和姿态都有点奇怪。他满脸通红，眼睛发亮，右手的食指和拇指好像捏着什么无形的东西，快步地跑向在门口等候的爸爸。

"爸爸，她的头发耶！"孩子一走近便把右手朝爸爸的脸靠近，说，"你看，是××的头发耶！"

这时爸爸才清楚地看到孩子两指之间捏着的是两三根长长的发丝。

"我们大扫除，椅子都要翻上来……我看到木头缝里有头发……"孩子讲得既兴奋又急促，"一定是××以前夹到的，你说是不是？"

"你……要留下来做纪念吗？"爸爸问。

孩子忽然安静下来，然后用力地、不断地摇着头，但爸爸看到他的眼睛慢慢冒出不知忍了多久的眼泪。他用力地抱着爸爸的腰，把脸贴在爸爸的胸口上，忘情地号啕大哭起来，而手指却依然紧捏着那几根正映着夕阳的余光在微风里轻轻飘动的发丝。

它在西安长胖，在济南丢失

你怎么还不回家吃饭

猫咪，你去了哪里？已经凌晨 3 点了，你还没有回家睡觉。

你又被关在对面的小超市里了吗？为什么你要这样，偷人家小鱼吃，吃到撑得睡着？你是否还记得上次超市老板怎么羞辱我的？都上午 9 点超市开门了，你还头枕着干带鱼，脚蹬着几听罐头，打着猪睡觉才有的呼噜。

还有一次，你睡在邻居家小孩的作业本上。你怎么过去的？又是闻着味道吗？咱们家是每天吃草虐待你了吗？人家把你抱下来，你就再跳上去。反复几次，激怒了邻居，拿着扫帚追打你。你可知道我赔了多少笑脸？多少作业本？

当然，还给你买了一本作业本。你这个罕见的不学无术，却喜欢睡作业本的毛茸茸软塌塌脏兮兮坏兮兮圆乎乎的扁东西。你如此喜欢欺负我，为什么我没有生过一次气？

有一次你睡在仙人球上，软成破枕头与泄气气球的邂逅样子。我刚看到这个情景还以为你死了，眼泪一下子就流了出来，然后把你吵醒了。你小心翼翼地挪身而来，不由分说地跳到我的怀里，表达你的善解人意，把仙人球上的刺扎进我的胳膊。我又流下了眼泪。

汤姆，作为一只猫，我觉得你需要读小学、中学、大学，需要基本的、系统的素质教育，需要表现出一点儿猫的脾性，知道有所敬畏，有所为与不为，而不是整

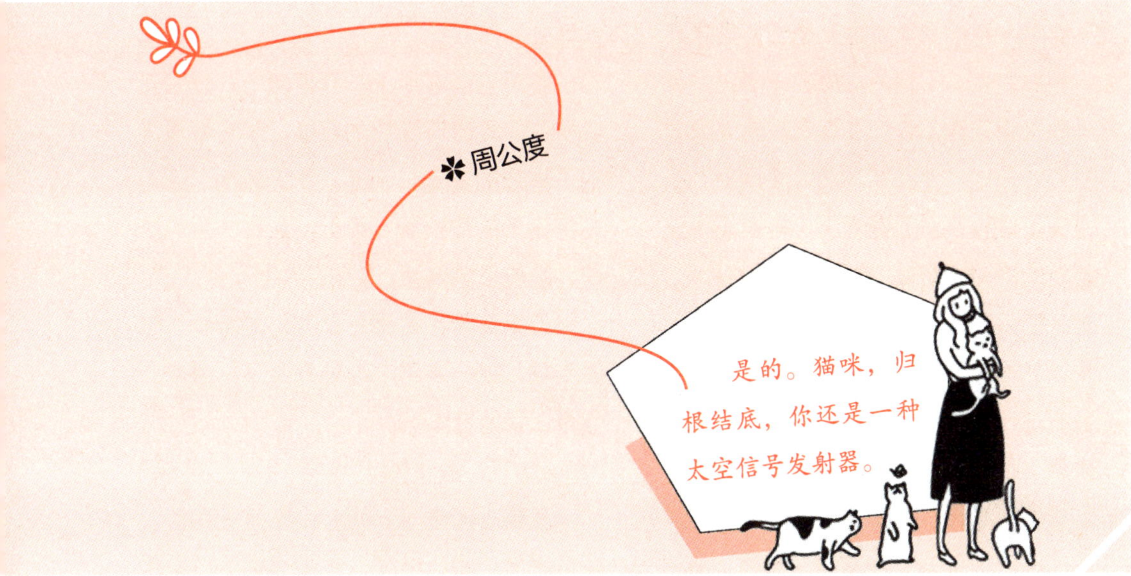

❀周公度

是的。猫咪，归根结底，你还是一种太空信号发射器。

天如此无赖的模样、流氓的行径和强盗的脾气。你一直这么吊儿郎当地招摇撞骗，别人会以为你的主人，你的亲戚、朋友——我，也是这么个样子。

汤姆，你真的是一只猫吗？已经早晨6点了，你怎么还不回家吃饭？你，在外面，吃撑了吗？睡着了吗？

猫是思想家的前世，是太空信号发射器

汤姆，你背对着我，坐在阳台上已经一小时了。

我觉得你是思想家。

夏天的时候，你喜欢坐在窗口观雨。

秋天的时候，你喜欢抓碎所有的花，看着它们感叹时光。冬天的时候，你喜欢……在被窝里，延长夜晚。春天的时候，你四海为家，以树杈和犄角旮旯为家，我几乎见不到你。

只有古希腊和中国先秦的思想家，才能做到像你这样，自我选择独处空间，享受沉默的傲慢时刻。你们的身上，都有追逐时间的敏感痕迹，又有一颗存意遥远的心。

去年我阅读爱尔兰诗人叶芝的全集时，发现他对猫咪与月亮之间的关系有一个独特的发现——"米罗娜匍匐着爬过草地／孤单，傲慢，伶俐／跟随着那变幻的月亮／抬起它变幻的双眼"。

诗人叶芝发现猫咪的瞳孔，和月亮

的盈亏有着一致的规律！也就是说，猫咪其实是一种发射塔。不是的。更进一步说，猫咪是一种太空间谍。它们在人间采集人类的懒，把懒转化成一种能量，发射给月亮；然后，月亮把这种罕见的懒物质，转换成和猫同一质地的、你觉得亲切其实却凉凉的月光。

诗人们太刻薄了。

中国古代的太极拳宗师比他们善意多了。我听说，太极拳的真实起源就是抱猫暖手。大架小架的区别，就是猫的产地不同；陈氏、杨氏、吴氏、孙氏的区别，就是猫的性格不同而已。所谓太极拳的八种劲：掤、捋、挤、按、采、挒、肘、靠，对应的正是抱猫的八种手法。按这种手法抱猫，按摩着猫的各个部位产生的巨大能量，会使人与亿万里之外的月亮接上信号。

是的。猫咪，归根结底，你还是一种太空信号发射器。

猫咪的胖有什么用

一只胖的猫咪有什么用呢？

它瘦小的时候，想舔牛奶，会急匆匆地跑过来，用爪子在我的脚上抓啊，摸啊，挠啊，温柔得让我感觉欠了它什么，都愧疚坏了。但待它胖了的时候，它有了一颗骄傲的心，想吃东西也不理睬我了，而是自满地踱到自己的餐具那里，傲慢地瞥一眼，如果看不到食物，就一爪子把餐具扫到一边去。我知道，它在威胁我：我警告你，我的青春都给了你！你却这么待我，终有一天我会离

你而去的！

我不能让它离去。我喜欢它，爱它。我喜欢它青春时欢快的容颜，爱它懒洋洋的不讲理的老年。于是，我识趣地、快速地把鱼形的猫粮给它续上，且在它生气之前，眼疾手快地换上新鲜的牛奶。

但第三天，如果还是同样的食物，它看到后，就一声不吭地转身走了：熊样，你想让我倒胃口吗？

我怕它了。它多厉害啊。

我要去买鱼了。鲫鱼，新鲜的鲫鱼，味道鲜美。嗨，猫咪，鱼汤很鲜的，快来吃吧。我走过去，从枕头上抱起它，说：胖猫，看，我今天很听话，主动给你换了鱼，刺也已经分开了。它抬起眼皮——它的眼皮也胖了——看我一眼，示意我把它抱过去，去进餐。它进餐时那么优雅，丝毫看不出坏脾气。

胖猫，我向你学习。你给我个好脸色吧？我保证不再嘲笑你走路甩屁股了，也不再故意扯你脖子上的毛了，不再趁你睡觉逮你的虱子了。如果你再与其他猫咪打架，可不可以叫上我？就像你在拳击场上一样，中间休息，我可以给你递水，擦汗，做肩膀按摩。你无往不胜，我以你为骄傲。我的胖猫，相遇是多么神奇、美妙的事情啊。我知道你在外面。你不明白我的孤单。哪天你有时间了，来看看我吧？

附：此文献给我的猫咪汤姆，它喜欢打架、钓女猫、掉毛、偷东西。它在西安长胖，在济南饿瘦，丢失。我梦见它。对不起它。

亲爱的虫虫，临睡前，我无意中看到你前几天更新的一条微博。你在微博里抱怨：那个说好要保护我一辈子的人，却在中途抛弃了我，真是个言而无信的家伙。

好吧，不知情的人还以为你失恋了。谁也不会想到，你说的那个家伙是你的亲姐姐。

一个礼拜前，我将你从家里"撵"了出去。那时，你刚好大学毕业一年。我至今仍记得你的表情，像个受了伤的小猫，用一种无辜的眼神看着我。我选择忽略你眼神里的困惑，埋头替你打包行李，看起来确实有些不近人情。

那时我自顾自地认为，你迟早会理解我的初衷。可是当我在你的微博上看到"抛弃"这个词的时候，终于还是华丽丽地失眠了。犹豫片刻后，我从床上爬起来，拧开台灯，在桌前摊开了一张信纸。

这样的画面有些似曾相识，不是吗？就像很久很久以前，22岁的我给14岁的你写信一样，这一次是31岁的我，写给23岁的你。

总有好多的不放心

我们之间隔了8年的时间。

春风带点凉，你的花你来开

✻猪小浅

我用浅陌单薄的人生经验，挡在你面前，告诉你哪条路可以柳暗花明，哪条路会误入藕花深处。

在我的少女时期，你是我身后的"跟屁虫"。你的小名，慢慢也就被我们叫成了虫虫。很长一段时间里，我有些讨厌你。爸妈工作忙，一到假期，我就只能留在家里照顾你。那时，我一心盼着你早点长大。

后来你长大了，保护你却成了我的习惯。我对你，总有好多不放心。

特别是后来，当我眼里的黄毛丫头一夜之间变成了亭亭玉立的美少女时，我真想拉住时光的脚步，请求它，让我的妹妹永远定格在人生最美好的年华里。不让她受委屈，不催着她变成熟，让她永远做那个天真无邪的少女。

我想我该谢谢你，对我无条件信任。

你第一次喜欢的男生，你收到的第一封情书，以及你后来文理分科的选择，高考志愿的填写，选择毕业后的去向等这些人生中的重要时刻，你都乐于跟我分享，乐于听从我的意见。而我，也乐于为你的人生出谋划策。

有时觉得，你好像就是小一个版本的我自己。你跟在我身后，亦步亦趋地描摹出相同的人生轨迹。因为我，你的高考志愿表上是清一色的北京；因为我，你在大学毕业时，放弃了京城外企的工作机会，毫不犹豫地回到了我所在的省城。

你说，有我的地方，让你觉得安心。

而保护你，不知不觉中成了我的一种强迫症。我用浅陋单薄的人生经验，挡在你面前，告诉你哪条路可以柳暗花明，哪条路会误入藕花深处。

我一直以为自己是个称职的姐姐，如果不是那次被你拉去参加同学会。

在试错中成为今天的自己

我从来没听说过，同学会有带姐姐出席的。但你说他们都有另一半，你一个人去太孤单，所以想让我陪着你。

你看，我总是纵容你对我的依赖。这种事情，我完全可以拒绝。不过后来，我还是十分庆幸答应了你。因为如果不是去你的同学会，我大概永远不会意识到，自己在你的身上犯了怎样的错误。

那天，我见到你很多同学。他们和你年纪相仿，身上却有很多你缺乏的东西。譬如朝气蓬勃的活力，譬如明媚而张扬的自信。在这之前，我理解的他们，是和你一样被保护起来的一代。可见到他们，我才发现这些孩子都有自己的想法以及主见。

我看着人群中那个总是将"我姐说"挂在嘴边的你，第一次对我自己产生了怀疑。在他们侃侃而谈的时候，我能感觉到你的格格不入，以及被边缘化的郁郁寡欢。没有人故意冷落你，而是你跟不上他们的节奏。

这样的发现，让我有些惊慌。那天晚上回到家，我认真回想了你大学毕业后的这一年。

你从北京回省城那天，我和你姐夫专门请了假，开车去火车站接你。然后将你的大包小包，放进我们提前为你准备好的房间。你看，这才叫"拎包入住"。

但回过头来看，我有些后悔事事为你考虑周全。

你知道的，我用了三年的时间，才和你姐夫凑足这套房的首付。在这之前，我经历过交不起房租的尴尬，以及为找一份喜欢的工作跑了二十场招聘会的狼狈。而你，从一开始就有我们为你提供的安乐窝。工作方面，我更是一早就跟闺密打好招呼，等你毕业，就去她所在的公司上班。不仅因为专业对口，还因为有熟人，能照顾到你。

可不知道为什么，即便这样，我还是时常能感觉到你眼神里的迷茫。

那时我不能理解这种迷茫，不能理解为什么有人帮你，你还是业绩平平，更不能理解闺密私下告诉我的，你缺乏社交能力，不屑于和同事搞好关系。

而此刻，我终于对自己承认，也许我对你的过度保护，让你慢慢变成了一个活在自己世界里的有点孤独和幼稚的少女。

在 23 岁的年纪，单纯和善良仍然是好品质，但如果还沾染了幼稚，实在有些惭愧。

过去的时光里，我总是尽自己所能，让你不走弯路。直到后来我才逐渐认识到，其实每个人的青春里都有一段绕不过去的弯路。而这条路，只有走一走，碰碰壁，摔摔跟头，才能拥有钢筋铁骨面对人生的风雨，才会知道自己到底想要抵达怎样的远方。

我们都是在不断试错中，成为今天的自己的。

很抱歉，我剥夺了你试错的机会。让你沿着我设定好的轨迹，走得平稳，却缺乏精彩。甚至你还将这样的人生态度用在爱情里，错了一次就心灰意冷。

我想让你学会独立生活，有些路注定要一个人慢慢走。而这，就是我将你从家里"撵"出去的原因。

人生的尽头，总会有光

做这个决定，我也有过挣扎。但现在我想说的是，离开了我的庇护，你要做好吃苦的准备，同时也要在这个过程中，让自己快点成长起来。

我记得自己应该不止一次听你说过，姐，我真羡慕你。

是的，现在的我在你眼里，事业顺利，家庭美满。但其实你不知道，我和你一样，也在毕业后有过漫长的迷茫期。只不过那时打回家的电话，总是习惯报喜不报忧。

即便是现在的我，也觉得 23 岁以后的人生，像突然被快进，"唰唰唰"地疾驰下去，而我站在原地，总觉得一步错了，就是万丈深渊。

所以请相信我，迷茫的不只是你一个。

每个人都不容易，心里那点苦，就差约好一起哭一哭。

二三十岁的时候，本身就是人生中最艰难的一段时光。我们一无所有，除了对生活的热情。我记得那段特别心灰意冷的日子里，我每天回到家的第一件事，是烧一壶白开水。仿佛有了热开水暖胃，生活就能变成一副热气腾腾的样子。

这是一种简单而美妙的心理暗示。

作家张爱玲说，在三十岁之前要以年轻的名义奢侈地干够几桩坏事，然后及时回头、改正，从此褪下幼稚的外衣，将智慧带走。然后要做一个合格的人，开始担负，开始顽强地爱着生活，爱着世界。

所以趁着现在，尽可能将日子过得精彩一些吧。当你来到我的这个年纪，就会知道有所爱有所不爱，也会有能力承担一份美好的人生，以及一份适宜的爱情。而现在的你，也不用羡慕我，因为每个年纪都是最好的时光。

原谅我曾经过度保护你，让你沿着我走过的轨迹，复制我的人生，实际上你的人生还可以有很多个版本。你才 23 岁，你可以成为任何你想成为的人。

我现在最想说的是，虫虫，加油。如果你的眼前是一片黑暗，那么一直往前走，总能看到光。

心里有春天，心花才会怒放

写到这里，我突然有些伤感。

因为我深知有一天，你会慢慢习惯没有我你也会过得很好的日子，而你也会逐渐不再像个孩子般依赖我。我在你心里的重要程度，会一点点变弱。

但我知道，那时候的你，就像某个早晨醒来，盆栽里悄然绽放的一朵小花。那朵花虽然不起眼，但有属于自己的姿态。

亲爱的虫虫，你也一样。春风即便有点带凉，你自己的花，也要你自己来开。这样你就是你，而不是第二个我。看到这里的时候，你还会记恨我吗？请你一定要相信，作为你的姐姐，我是你最亲的家人。而这个世界上，家人从来不会抛弃你。

最后，我想祝你心里永远有春天。

心里有春天，心花才会怒放。而我只能保护你到这里，下一段路，请你慢慢地走。有情怀而脚踏实地，勇往而无畏地开始崭新的人生吧。

亲爱的K：

从伦敦到北京，这是写给你的第四封信。之前听过一句很俏皮的话，叫作："再忙也要抽空想想我呀！"那时觉得说得可真是好，但现在不一样了，现在我要否定它，推翻它，因为我已经揣摩到另外一种心境。

K，前几天北京下了暴雨，嗯，怎么跟你形容它有多大呢？大概是哗啦哗啦，砸在遮雨棚上是砰砰叭叭，要是有风吹过接满雨水的大树，那就是簌啦簌啦。

我被这场哗啦哗啦砰砰叭叭簌啦簌啦的大雨困在了地铁站，准确说，是被人群困住了。我之前有没有告诉过你我很热爱台风这件事？

说来奇怪，像这样的集体困境，像这样风卷扬尘的末日气息总能让我感到兴奋，我喜欢看人群失措，喜欢看人群像蚁群一般被自然驱使着互相抵膝。

或许，只有困境才能让我们变得亲密。

K，我想你大概是没有经历过这样的地铁站，没有经历过这样的大雨，那是很有剧情感的场景，我会突然觉得自己并不是活在"生活"里，而是活在一部日本电影里。

而下一秒，如果你能突然出现在我的面前，大概是我能想到的最好的剧情。

我想你的1001种感觉

✳花大钱

颜色也许会比语言更有力吧，不然人们为什么要用黄色、橙色、红色来预警天气呢？

K，最近的我时常想起你。原本以为，最近的生活这么忙，时间的海绵大概已经挤不出一点水分用来想你。

但当我准备过马路的时候，探头往左右两边看来往的车辆，就会想起你。

当我在商场，在地铁站，坐上升或下降的自动手扶梯，盯着脚下匀速起伏的台阶，或是前面路人空洞的后脑勺，也会想起你。

当我用微波炉热东西，倚着厨房冰凉的大理石台板，等待那个"叮"声响起的间隙，还是会想起你。

甚至当我站在浴室洗澡，用手慢慢移动调节水温的把手，等待一个合适的、亲肤的温度时，心里想的还是你。

这种感觉就像袜子穿反了一只，内衣的带子没有捋平整，上衣的衬衫掉了一颗纽扣，虽然并不影响日常生活平顺地前行，但是呢，总会有些细碎的难受，细碎的不舒服，时不时出来提醒一下，它们的存在。

想你的时刻也是这样降临到我身上的，它们每降临一次，我就觉得自己又被蒸发了一点，然后，身体里对你的感情也随之又浓稠了一些。

K，你说它们会不会有一天浓稠到结成晶体，结成那种剔透纯净、不掺杂质的晶体，如果会的话，我就把这块爱的晶体送给你。

K，从伦敦到北京，我发现我的生活变了，全都变了，只有一件事除外，那就是想你。所以我又有理由相信，生活的本质其实是没有任何变化的。因为决定生活本质的是时间性，而非空间性。

就像我不管生活在哪里，每一个时刻，我还是在做同一件事，那就是想你。

你就是这样填满我生活的每个缝隙的，因为你，好像我的生活才真的变成了一个密闭无隙的圆环，好像才真的拥有了完整一些的生命。

我记得我曾跟你说过语言是具有欺骗性的，但当我跟你说完上面这些话，我才发现语气才具有欺骗性，而语言本身是虚弱的，是干瘪的，是傻乎乎的。它们根本支撑不起万分之一的"我想你"。

颜色也许会比语言更有力吧，不然人们为什么要用黄色、橙色、红色来预警天气呢？

可惜这些颜色都不适合用来描绘想你的感觉，它们过分密集，过分厚重，过分具有攻击性。

"想你"应该是一种干净亮堂的颜色，今天是烟粉，明天是杏仁白，是像这样的颜色。

K啊，其实这么想你也不是我的本意，我也怕想得太多，到了夜里，我的灵魂就会忍不住变成什么小精灵进到你的梦中叨扰你。

所以，我要克制想你。就像我开始写一些篇幅较长的小说，在动笔写之前，我都告诉自己要克制描述，克制情绪渲染，克制把自己往悬崖下面推，克制用很多很多的比喻句。

因为克制是一种美德，是一种崇高的美德。

嗯，我决定做一个崇高的人了。嗯，我答应自己，只会想你想到开始早睡早起不吃夜宵的那一天。

18世纪末，大洋洲被发现后，欧洲各国都想占领这片土地。

大家一致决定公平竞争，最先抵达并插上旗帜的国家，就将拥有它。1802年，各个国家的船队纷纷出发。

最终，法国船队靠着先进的造船和航海技术，率先抵达维多利亚港。正要插旗扎营时，船长阿梅兰看到几只极为稀有的蝴蝶，正在阳光下的花丛中翩翩起舞。如果不能拥有，那就实在太遗憾了，他下令所有人都去追捕蝴蝶。

然而当他们带着上千只漂亮的蝴蝶归来时，却发现整片土地都被插上了英国旗帜。

自此，维多利亚港成了英国殖民地。

——这是文治最喜欢的故事，自从小学时读到它，文治反反复复读了上百遍。如今都奔三的人了，哄起小侄子来，还是要再讲一遍蝴蝶的故事，惹得孩子都要捂住耳朵。

阳光和煦，给幼姗身上披了一层光晕

文治很笨拙。

三岁时他在商场走丢过一次，爸妈报警了，结果发现是他认错了妈妈，被找到时他正缠着那位阿姨买冰激凌吃。后来上了学，因家境不错，人又傻乎乎，于是他成了同学中的冤大头，

爱是想触碰又收回的手

※ 林以昼

那就成全这位浪漫执着的阿梅兰船长，让他带领自己去寻找美丽的蝴蝶吧。

一下课大家就喜欢哄他拿钱去吃喝玩乐。

明明读书成绩也不错，怎么这么缺心眼呢？

连女朋友也受不了，在文治又一次把钱借给所谓的死党后，女友觉得跟他谈下去，婚后生活毫无保障，快刀斩乱麻分了手。文治不知道自己做错了什么，死党明明说过会还的啊！

文治怀疑自己桃花运不行，心情不好的他干脆跑去福利院做起义工。

在这里，他认识了余幼姗。

余幼姗比他小两岁，自来卷短发，和人说话时总是眉眼低垂。第一天，文治和所有人打招呼时，只有幼姗的声音像个蚊子。文治挠挠头，心想，这么社恐怎么出来做义工？

偏偏那一次，文治和幼姗分到一组，负责给小孩们讲故事。幼姗讲了个老套的迪士尼童话，孩子们兴致缺缺。反倒是文治讲的关于大洋洲被发现的历史故事，吸引了孩子们的注意，大家听得津津有味。

不过还没讲完，意外发生了。一个女孩被后排男生扯头发，两人发生争吵，女孩被推倒在地，当即大哭。吵闹声、哭声、其他孩子的嬉笑声，整个场面闹哄哄的，文治龇牙咧嘴，手足无措。幼姗走过去，帮那个女孩揉了揉她的膝盖，把眼泪擦干，不知道又说了些什么话，最终两人竟然一起笑了起来。

冬日阳光和煦，给幼姗身上披了一层光晕。

那几天文治刚发了工资，正是每个月最富裕的时间。活动结束后，原本他想请幼姗吃饭，可幼姗拒绝了。其他义工伙伴齐声撮合，去吧去吧，年轻人多交流没坏处。幼姗只好带着文治去了一家街边小店，买单时还熟络地让老板抹了零头。

这是第一次有人在他请吃饭时，没有狠宰他一顿，还帮忙杀价。

他咧嘴看着幼姗，心想，这种感觉还怪好的。

就说嘛，这人果然不是自愿来做义工的

文治家有个工厂，做铝合金门窗的，得益于前些年房地产业发展迅猛，收益还不错，因此这二十多年他都没缺过钱。

起初文治他爸想让他接管工厂，可没出息的他不想当老板，只愿意当个打工仔，他最常挂在嘴边的一句话就是"哎呀，我头脑不行"，气得他爸头上仅剩的一撮头发差点掉光。见软硬不吃，文治他爸转而培养起弟弟来。每次家族聚会，亲戚们就会凑一起，说文治这辈子是没什么用了。

文治不在乎。在家，他安于做个边缘人；在公司，他也不需要多少存在感。这种躲在众人背后的感觉很爽，只是偶尔也需要一点成就感。

做了两次义工后，他就爱上了为公益献身这项壮举。"又能消磨时间，还可以给别人带来快乐，多有意义的事儿啊。"文治一边折纸盒一边念叨，那是春节时用来装爱心礼物的，"你呢，你为什么想来做义工，是平时太闲了？"

幼姗看了他一眼，不吭气，手灵活地将两条绸带叠成礼花。

见她不搭茬儿，文治撇撇嘴："怎么了吗？有什么不开心的，说出来让我开心一下呗。"

向来缄默的幼姗突然站起身，踹了文治一脚，就朝外走去。并不算疼，只是裤子上多了个脚印。不料幼姗毫无征兆地哭了，眼泪哗啦啦地往下流，"你给我闭嘴，你知道啥啊。"她终究把心事说了出来。原来幼姗妈生病了，急需一笔钱救治，可幼姗刚工作一年多，养活自己都够不容易的了。原本她想去众筹，可要面子的妈妈不肯，觉得去网上卖惨毫无尊严。

"那你还来做义工？倒不如多做一份兼职赚点钱呢。"文治递过一张纸巾，实在按捺不住好奇心。

提起这个，幼姗眼泪又流了出来。她说单位每个科室都要派出一位义工，而她是临聘人员，年龄又小，最终被同事们集体推选出来，穿着红马甲来做好事。文治愣住了。他就说嘛，这人果然不是自愿来做义工的。

爱是想要触碰却又收回的手

文治借了五万元钱给幼姗。

他怀疑自己又干了一次蠢事，一个刚认识不久的人，怎么轻易借钱呢？文治实在看不得人哭，更别说是个小姑娘了。他把这事儿和死党一说，对方笑他是另有所图。他狡辩："哪有，她长得又没有很漂亮。"

是没有很漂亮，只是让自己有些怜惜。就是那种不一定要从对方身上得到什么，

单纯希望对方能开心一些，生活得顺顺利利的感觉。文治心想，这应该算不上有所图谋吧。可他不知道的是，好奇是爱意最初的萌芽，而怜惜是它成长的肥料。

文治主动提出借钱的那天，幼姗开心得语无伦次。她本想拒绝，但文治说："只是借你而已，你到时还我就行了。"幼姗这才点头，激动之下，还给了他一个拥抱。这让文治挺不好意思的，他的手悬浮在空中，像个被突然断电的机器人。

幼姗妈妈的手术很顺利，幼姗心情看似不错。在文治面前，她也放开许多，偶尔还会吐槽他笨，却带着嗔怪的味道。"怎么会有人一直顺拐呢？"给孩子们排练节目时，文治每次都同手同脚，惹得幼姗跟那帮小萝卜头一起大笑。

结束后，幼姗找文治吃饭，这次是她请。她拿出工资的一半，说要分期还款。文治接过来，也没数，直接揣进兜里。只是等幼姗去买单时，发现他早趁着上厕所时悄悄结了账。

"说好了我请的！"幼姗不高兴。

"不能让你乱花钱啊，你得早点攒够钱还我呢。"文治嘻嘻哈哈，没个正形。

幼姗感受到久违的温暖，眼睛瞬间通红，眼看又要流泪。原本大大咧咧的文治又僵住了，想伸手又不敢伸出来。幼姗想起一句话——爱是想要触碰却又收回的手。

幼姗没谈过恋爱，她的世界里只有赚钱二字。她爸是个无赖，早年因打架坐过八年牢，出狱后酗酒、家暴。她13岁那年，妈妈实在受不了，带着她悄悄跑出来打工，

一直流离于各个城市。由于早年操劳过甚，妈妈身体不好。

幼姗这小半生，都在烂泥中挣扎，爱情更是梦里的奢侈品。不过此刻，看着傻笑的文治，她决定奢侈一回，相信一个人的滋味如何，不试试怎么会知道呢？

我回来了

文治很容易喜欢一个人。从小到大，他暗恋过很多女孩。

但对幼姗，他觉得和以前每次心动都不一样。

文治也搞不清，明明幼姗算不上漂亮，顶多是秀气可爱，可自己却念念不忘。见面的时候，他絮絮叨叨，没见面的时候，他就喜欢上班摸鱼，悄悄跑去厕所给她发语音消息。有时实在没机会，文治就点两下她的头像，接着一束电子烟花在手机里升空绽放。那是幼姗设置的拍一拍，他觉得自己的心也像烟花一样，迅疾上升，再"啪"一下，炸裂开来，耀眼而壮烈。

就在他们试图撕破那层纸之际，文治他爸有一天突然出现，还满面春风。文治一见，乐了："这么开心，您老人家这是生了三胎吗？"文治他爸瞪眼："都多大年纪了，还没个正经。"接着他说出来意，原来是家里安排了个相亲对象，打算让文治回家看看。

"是你林叔的女儿，小时候你俩还一块儿玩过。最近她刚留学回来，长得可漂亮了，你保准会喜欢。"文治他爸眉开眼笑，那一撮仅剩的头发迎风飞舞。文治看着爸爸，知道了他的意图。这不就是家族联姻嘛，电视里经常上演这一套，没想到有朝一日自己也能遇上。

想一想也是应该，不继承家业，那自己也就仅剩这一个用处了吧。文治啼笑皆非。

文治他爸很快回去了，临走前再三叮嘱他，周末记得回家一趟，到时和那姑娘见个面。

文治没当一回事儿。晚上他照样和幼姗见了面，开玩笑似的提起这件事儿，还翻出来女生的照片给她看："确实长得不错，你说，我到时要找什么借口回绝掉？"

幼姗瞥了一眼照片，又咬了一口手上的冰激凌，凉飕飕的，让人不由打了个冷战。她挤出一个笑脸："为什么要回绝，当然要去啊，这是个好事。"人家有钱有颜，不像自己，浑身穷酸气。

"可周末我们不是约好要去植物园

吗？"文治皱着眉头，一脸无辜，如同一个天真的高中生。

是不是傻气的男生都显年轻，此时的幼姗很想抱着他，任性地来一句"那你就别去，陪我过周末"。可她不行，敏感的她怕耽误他的前程，只能故作大方地说："再说吧，两情若是久长时，又岂在朝朝暮暮。"

这话委实扫兴。文治顿时有些闷闷不乐。

周末，文治果真回家去了。出门前，他给幼姗发了条消息，说："我们下周再去植物园吧。"

幼姗看到消息时，刚好在卫生间。她用冷水洗了一把脸，整个人清醒过来。窗外天阴沉沉的，随时要下雨的样子，她想还好没出去玩，只是心中像塞了一团棉花，软绵无力。幼姗趿着拖鞋出门，买了一杯豆浆，在楼下长椅上垂头坐着，直到一双熟悉的鞋子进入她的视线。

对方喘着粗气，满脸汗水，说："我回来了。"

我怕我一转身，你不知跑哪里去了

————————

文治给幼姗讲了阿梅兰船长的后续传说。

后来，阿梅兰船长沮丧地带着蝴蝶回国了，但法国人并没有指责他，而是围在一起，赞美那些蝴蝶是多么美丽与优雅。至于得而复失的新大陆，没人在乎，仿佛这一趟原本就是奔着这些优雅的蝴蝶而去的。

"可能别人会觉得前途重要，可对我来说，你才是最重要的。"这绝对是文治长这么大说过的最煽情的一句话。他说得很自然，很认真，有种一如既往的傻里傻气。

什么灿烂前途，什么家族联姻，去他的吧。名贵的象牙虽好，可他更爱野地里那一片白雪。

原来，文治周末回家并不是为了相亲，而是和那个姑娘说明白一切，同时告诉家里人，自己现在有喜欢的人，哪怕她没有良好的家世，哪怕她没那么光彩照人，但，在自己心中，她才是他最在乎的人。

文治抓住幼姗的手，一本正经地宣布，自己喜欢的就是她，别无所求。在街头大刺刺地求爱，和文治之前设想中的并不相同，可他等不及了。他不敢保证还会发生多少变故，只知道，爱情和中彩票一样，万一错过幼姗，自己绝对会后悔一辈子。

幼姗擦了擦眼角的泪水，故意板着脸："我怎么会跑？我还欠着你的钱呢，你这是在怀疑我的人品吗？"

这……这是一道送命题啊。文治又着急得挠头了。

幼姗却扑哧一下笑出了声，这个傻瓜，总是分不清别人是真生气还是演的。可这份傻气，才是她眼中的珍宝啊。那是一种赤子的善良，历经世事却依旧保持了金子般的心。

那就成全这位浪漫执着的阿梅兰船长，让他带领自己去寻找美丽的蝴蝶吧。不过幼姗觉得，兴许不用去找，此时此刻，蝴蝶正在她心中飞舞呢。

最暖心的事

十年前，我从得克萨斯州的乡村来到纽约开出租车谋生。开出租车会碰到形形色色的人，有的人幽默诙谐，有的人失意忧郁，还有的人自命不凡。但让我印象最深的莫过于一个老太太。

那是五月份的一个深夜，我接到城郊的一个叫车的电话。我想，也许是一些参加完晚会的人，要么就是一个赶着要去上早班的工人。

我到达目的地时是凌晨3点30分。那是一栋破败的公寓楼，只有一楼有一个房间透出一点灯光。这种情况下，大多数司机顶多只会按一两声喇叭，稍等片刻，然后开车走人。因为这个时间和地点时常会出现治安问题。然而，我也知道这个时间在这样的地方打车不易，再说也许这个客人有点困难需要我帮一把呢。于是，我走到亮灯的那户人家敲了敲门。

"请稍等一下。"回答我的是一个苍老虚弱的声音。我听到屋内有什么东西在地上拖动。隔了好久，门开了，一个瘦小的老太太吃力地拖着一个尼龙包走了出来。她身穿一件印花布上衣，头戴一顶圆边帽子，帽子上还罩了一条面纱，如同电影里走出来的人物。

"你能帮我拎一下包吗？"她说。我先将她的包拎上车子，然后又回头搀扶着她。她走得很慢，边走边对我感谢不尽。"这没什么。"我说，"我这是为我的客人服务。再说，我希望我的妈妈在外面也能得到同样的服务。""你真是一个好人。"她说。

上车后，她给了我一个地址，问："能不能从城里走？我很想再看看这座城市……""能，不过这就不是最近的路了。"我答道。"这不要紧。"她说，"我不着急。我要去圣洛安敬老院。"我从后视镜中看了她一眼。她的眼窝里有一滴亮晶晶的东西。"我孤寡一人。"她继续说道，"医

❀鲍勃·布劳顿

我最后握了握她的手，然后走向暗淡的晨曦。

生说，我剩下的时间不多了。"

我悄悄地伸手关掉了计程表。

经过城里的路程一刻钟就能走完，然而我们却花了两个多小时，因为她一会儿让我慢行，一会儿让我停车，还不时地讲着话。她指着一座大楼，告诉我她曾在这儿干过电梯操作员的工作。在经过一个居民区时，她说她和丈夫结婚的新房就是在这里。她要我将车子在一个商场前停了一会儿，她说这里曾是一个舞厅，她年轻时在这儿跳过舞。有时，她会让我在某一个地方放慢速度，然后默默凝视前方，一句话也不说。

当第一缕阳光露出地平线的时候，她才说："我累了，走吧。"车子来到圣洛安敬老院门前，两个工作人员正在等着我们。工作人员说："这位老太太一直不肯来敬老院，现在她患了肺癌，才同意来敬老院，而且必须在今年的母亲节来敬老

院。"工作人员说着给她推来了轮椅。

"我应该付给你多少钱？"她取出钱包问我。

"不要钱。"我答道。

"你也要养家啊。"她说。

"还有其他客人呢。"我说，接着几乎是不假思索地弯下腰拥抱了她。她紧紧地抱住我说："你给了一个老太太一段快乐的时光，谢谢你。"

我最后握了握她的手，然后走向暗淡的晨曦。我的身后响起了关门的声音。这是一个即将结束的生命发出的声音。一路上，我在想，如果今天接老太太的是一个脾气急躁没有耐心的司机，如果我在公寓楼前按一两声喇叭后就把车开走，又会是怎样一种情形呢？

我做的这件事情似乎微不足道，但是现在想起来，却是我一生中最暖心的一件事情。

你会长大，
我会回来

❋ 路明

有时觉得，"如约而至"是个多么美好的词。等得很苦，却从不辜负。

小时候，邻居家有个大我两三岁的男孩，我叫他小哥哥。在我眼中，小哥哥见多识广，简直是无所不知。

有一天，小哥哥给我讲了个机器人打架的故事。听着听着，我有点迷糊了。我问，什么是时间机器？什么叫核战争？

小哥哥说，你别管了，讲了你也不懂。反正就是两个机器人，一个长得跟人一样，是好的；另一个可以变形，是坏的。

我问，是好机器人厉害，还是坏机器人厉害？

小哥哥想了想说，坏机器人厉害一点，但好机器人块头更大，更威风。

到了关键地方，小哥哥不讲了，说天太热，口渴。

机器人打架还不知道谁输谁赢呢，真是急死人。

我捧出小猪储蓄罐，倒出三角钱，然后飞奔出门，买回两支橘子棒冰。小哥哥剥开棒冰纸，高兴地舔一口，继续说下去。

我十岁那年，小哥哥家横遭变故，

他跟着家人离开了小镇。临走的时候，我问小哥哥，还能再见到你吗？

小哥哥说，I will be back。我问那是什么意思。他说，我会回来的。

从此，我再没见到他。

几年后，小镇的文化馆附近开了家录像厅，我常在周末的下午偷偷跑去看。大人说了，好学生不去那种地方。

十几平方米的房间，大白天也拉着窗帘。一台旧彩色电视，一台二手索尼录像机，十几条板凳，地上到处是烟头和瓜子壳。

有一回，我居然看到了会变形的液体机器人，和威风凛凛的大块头机器人。跟小哥哥讲的一模一样。

飞车，重机枪，直升机，核爆，两个机器人贴身肉搏，天雷勾动地火，谁也打不死谁。

我在黑暗中张大嘴巴，我的太阳穴在突突地跳，我口干舌燥，血脉偾张，荷尔蒙一定是爆表了。

忘不了最后的画面，大块头机器人把自己沉入沸腾的铁水，我身边的小流氓哭得泣不成声。

散场后，我问老板，这部片子叫什么名字。老板不耐烦地说，《终结者2》。香港人叫《魔鬼终结者》。

走出录像厅，明晃晃的大太阳，照得人恍惚。我突然想起那个每年夏天都来我家，给我讲故事，骗我棒冰吃的小哥哥。

后来我也离开了小镇，生活按部就班，波澜不惊。

北京奥运会那年，我喜欢上一个姑娘。她应该也有点喜欢我吧，虽然谁都没有说。

姑娘说，你一直说《终结者2》好看，我还没看过。你去买张碟，陪我在电脑上看吧。

那时我在准备一个光伏电站项目，需要去青海玉树州考察一段时间。临走前一天，我去姑娘家道别，带了那张碟。

电影放完，发现她的脸色很奇怪，两只手死死地揪着衣角，像是在竭力忍住什么。

一滴泪流下脸颊。又是一滴。她开始哭，嗷嗷的。

我惊呆了。从没见过一个文静的姑娘会这样哭。本能告诉我，该出手了。

我抱住了她。她徒劳地挣扎了几下，鼻涕眼泪糊了我一脖子。

第二天，她没来送我。她说受不了这样的离别。

十五天后，巴颜喀拉山的风雪之夜，差一点，我就化作经幡一座。我在零下十五度的黑暗中瑟缩着，感觉热量在一点一滴地流逝。努力回想那些让我温暖的名字，她的面容长久浮现。

后来我问她，那天为什么哭？她说看到T-800被铁水吞噬，害怕我也会这样消失在风雪中。

有人告诉我，《终结者5》很烂，阿诺老了，别看。

去看一部大家都说好的电影，是跟风。

去看一部大家都说烂的电影，是情怀。

所谓情怀，或许不过是：曾经好过一场，不知你忘没忘，总之我还记得。

屏幕上，我又见到了阿诺。曾经的健美先生如今肌肉松弛，皱纹横生。那张被地心引力拉扯的脸，写满了衰老和不甘。

健身或许是最虚妄的运动，再强健的肌肉，也是要交给岁月去摧毁的。

我看着他一次又一次向比自己更强更先进的机器人发起冲锋，被狠狠地摔在地上，爬起来，再摔。

"我老了，但并不过时。"

我在健身房，多少次，肌肉行将崩溃，快坚持不下去，我告诉自己：阿诺都快七十了，还在练。

就像跑步时，精疲力竭的时候，我在心里默念：科比已经恢复训练了。

就像几年前看《变形金刚1》，当第一声汽车人变形的声音传来，黑暗中的我忍不住热泪盈眶。

有时觉得，"如约而至"是个多么美好的词。等得很苦，却从不辜负。

谢谢你们，老男人，一直燃烧到现在。

谢谢你们，我儿时的英雄。穿过漫长的时光，来到我的身边。

谢谢你，T-800。你总是说"I will be back"，然后每次都会回来。

终极的自洽就是强大

一

我家上一位钟点工离职时，朋友把小张介绍给我，说很不错。有多不错呢？她觉得，小张假如不干这一行，干别的，也能有一番作为。

小张初来我家时，我对朋友的话表示由衷怀疑。这个小张看上去很是木讷，活儿倒是干得还不错。她走后，家里的亮度似乎都被调高一度，垃圾桶、饮水机、洗地机器人都被擦得雪白——我再也不怕我妈突然来我家了。

我跟朋友反馈，这个小张挺好的，话也少。朋友笑起来，说："你不跟她说话，她就不跟你说话；你跟她说话，她也会跟你说话。"

我感觉朋友的这个话大有深意，似乎小张是个很能说话的人，说得我都有点儿怕了。我家曾请过一位钟点工，哪里都好，就是话多。她看我开空调，问："你为什么开空调？"我说："热。"她说："可是我觉得不热。"看到快递箱子会踢上一脚，问："这是什么？"我怕引出她新的问题，就说："没什么。"她的过分好奇，成功地把她来的那天变成一周里我压力最大的一天。

为了避免历史重演，我想好了，尽量不闲聊。但碰面总会随口聊点儿天气啥的，而怎样看待一个暴雨天也能透露出一个人的"三观"。我渐渐觉得，小张这人"三观"挺正，遇事不抱怨，说话公道，还非常领情。

有次她说端午节去看望婆婆，她丈夫

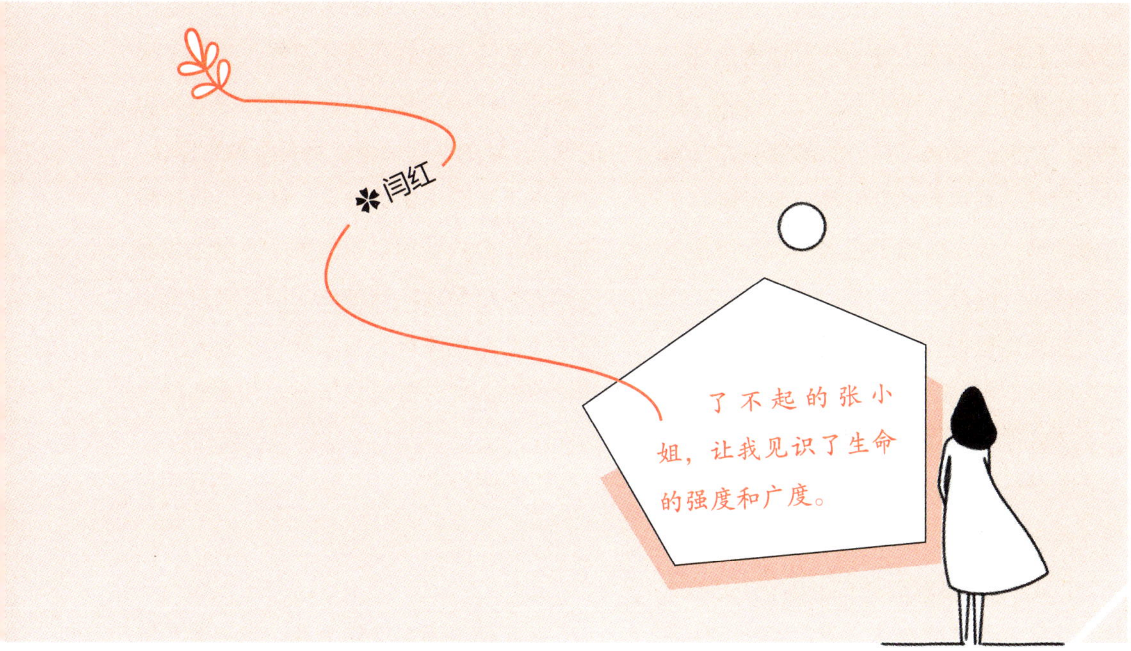

❋闫红

了不起的张小姐，让我见识了生命的强度和广度。

犯懒，不想去，她拖着拽着要她丈夫去。她婆婆以前跟她处不来，但她要给孩子做个榜样，不然将来儿子会觉得也可以这样对待她。而且，她说："她那时候对我不好，是因为她强，她厉害。现在，她老了，我就这样对她，那我跟那时的她有什么区别呢？"

我听了心头一震：很多人受了欺负，只想变成能欺负别人的人。像她这样，有了能力之后，自觉地提醒自己不要变成自己讨厌的那种人，这境界，不知道高出多少人。

她帮我找到了一条不见很久的项链。我说："我就说这条项链到哪里去了……"她笑起来，说："我觉得你是个很在乎别人感受的人，如果是那种不太注意的人，早就直接问我了。"

她这句话让我很意外。我没有直接问，是因为我家的东西经常不明不白地消失，又经常不声不响地出现，我懒得去找。我没想到，对她来说，感受会有那么大的差别。看来，人不在某个位置上，真的很难感同身受。

二

我们有时也会交换八卦。小张说起她认识的一个人，每月只挣 2000 元钱，日子过得挺"那个什么襟什么肘的"。我说："捉襟见肘。"她说："对！对！"

这个事情很有意思。我知道她只有小学文化，这个词不知道她是在哪里看到的。

看到了，没记住，但是那一刻，她感觉这是最适合的一个词，像一个写作者那样，固执地要知道这个词是什么，而不是用"挺那啥"之类的说法带过。我简直有点儿惭愧：我自己写稿有时会犯懒，明知道有更合适的词，但一时想不起来，就会用差不多的词应付过去。

张爱玲曾说，有人虽遇见怎样的好东西亦滴水不入，有人却像丝绵蘸着了胭脂，即刻渗开得一塌糊涂。高渗透性的人看见好东西就会立即吸收，小张就是那种高渗透性的人。

她跟我说，她曾经不明白，有些话她掰开、揉碎了说给她丈夫听，为什么他就是听不懂，非要做那些让她不愉快的事。后来有一天她给一个主顾擦书架，看到一本书的标题，"你不可能叫醒一个装睡的人"，她说她一下子就懂了，她丈夫不是听不懂，而是不想懂。

这句话早就流行到近乎泛滥，我没想到，它仍能在某个时刻，让一个女人醍醐灌顶。我也吃惊于小张的抓取能力——她没有多少文化，按说对文字不敏感，但在抹布擦过书架的那一刻，她于许多书名中看见这句话并且完全领会，这就是一种学习能力。

有次她一边干活一边和我讨论"到底是外向好还是内向好"。我说我觉得外向好，外向能够让更多人看到自己，实现能量交换。只是我们现在对外向有一种误解，以为爱说爱讲就是外向，我觉得单方面的输出不是外向，外向是对这个世界具有足够的感知力，并知道怎样有效地表达自己。

她表示同意，并深有感触地说，她干家政这些年，真的开阔了眼界，见到了很多稀奇古怪的东西，也听到了很多有意思的说法。她的这句话倒让我有些肃然起敬：即使在人家家里做钟点工，她也不只是将其当成一个挣钱糊口的差事，而是还想在精神上有所汲取，这种在任何环境中都不想辜负此生的精神有多难得！多少人明明有更好的条件，却心甘情愿浑浑噩噩度过一天又一天。

三

有天她很高兴地告诉我，她去参加了同学会。"你还有同学会？"我很自然地吃惊起来。她笑着说："有啊，小学同学。"

更应该算发小，是她同村一起长大的几个人，同学会是一个发了财的男同学张罗的，"他们混得都比我好"。

她丈夫很奇怪她愿意去，说："人家要是问你现在干啥，你不尴尬吗？"她说："那有什么尴尬的？混得好的人可能是因为运气好。没考上中学，父母愿意出钱让他们借读；做生意折了本，父母愿意帮他们填亏空。就算这些都没有，也有各种指点。我打小父母就去世了，我靠自己的能力，自食其力，我比谁差了呢？"

我说："你说得太对了。美国哈佛大学有个教授也是这个观点。他认为，就算是靠个人奋斗获得成功的人，也没有资格看不起混得没那么好的人。因为大家际遇不同，并不真的在同一条起跑线上。"

我跟小张说话从来不需要转换语码，

或者说出于顾忌而注意措辞。她的理解力让她不但能够理解他人话语的表面意思，也能理解他人为什么这么说。那些微妙之处，常常让我们不约而同地笑起来。我有时候甚至怀疑，她莫非是我的一个同行，乔装打扮潜入我家——这种想法当然实属多虑，我又不是《三体》里汪淼那种大佬。

四

今年过年前，她跟我说要请三个月的假。她不久前做肠镜，发现长了个看上去不太好的东西。

尽管医生说应无大碍，我听了还是有点儿难过。辛苦半生的人，还没怎么享受过，就遭遇这样的风险，会让人感到世事不公。

她住的那家医院，正好我有熟人。我从来怕求人，但这次我想，总得帮小张做点儿什么，就问她叫什么名字，想拜托一下那位熟人，虽然知道可能也用不着。

她回复："张小姐。"我一时啼笑皆非，说："要给医生全名。"她发了一张图片过来，是她的身份证，原来她全名就叫"张小姐"。那一瞬间，我的眼泪几乎要冲出眼眶，我知道，此"小姐"非彼"小姐"。

不是《红楼梦》里那种金尊玉贵的小姐，在本地，大一点儿的女孩子会被叫"大姐"，小一点儿的女孩子会被叫"小姐"，不知道该怎么叫的女孩子，会被人喊作"小大姐"。她的父母可能懒于给她起名字，就随口叫声"小姐"，"小姐"就成了她的名字。

被亲人捧在手掌心里的孩子，可以有无数小名；名字起得潦草的人，可能是被父母和命运同时潦草对待。我觉得，她应该被珍重对待。

我硬着头皮给熟人打去电话，拜托他给医生打个招呼，虽然知道这样未必有什么用处，但我想为她操点儿心。熟人倒是答应了，但我也不知道他有没有打这个招呼。

好在她的情况很不错，最后只是做了个小手术。我转了一笔钱给她，算是我一点儿心意，被她退回。她说，这次也有其他主顾给她转钱，她谁的都没收。

她再来我家时，精神状态很不错，还拎了两大箱鸡蛋，说一箱是给我的，一箱是给医生的。我不知道说什么好，我告诉她，我都不确定那位医生有没有帮我打招呼。她笑嘻嘻地说："一定是打了，人家医院的人对我可好了！"

我不能确定这是不是打了招呼的结果。但不管怎样，她平安归来就好。

我原本就知道"一花一世界"，知道擦肩而过的芸芸众生都有着有趣的灵魂。但是张小姐让我非常具体而且备受冲击地感受到这一点，她在一个千疮百孔的成长历程中，修复出一个完整而自洽的自我。

这跟她爱学习有关。总有人说，如果受到什么挫折，就去仰观宇宙之大得到治愈，我深表怀疑。一个开放型的人，哪怕做钟点工，也时刻能见天地众生；相反，心里只有小我的人，就算放到月亮上，记得的也只是自家那点儿小哀怨。了不起的张小姐，让我见识了生命的强度和广度。

在自己的宇宙里放声高歌

☀云鲸航

我们需要开窗，看窗外萤火流年，樱花束束，风从四方吹来，凉丝丝地游到心上，跟陌生人打个招呼，和某人通个电话，飞机划出轨迹云……

是否想过某一天当世界背离你的时候，依然还有一个角落给你依靠，为你遮风挡雨，那是不是也很幸福？

有窗，有床，有你的气味，这是你的房间，也是你的宇宙。你可以在这里尽情释放自己，安慰自己。

房间成为你的听众、收纳箱或者一座秘密花园。可我们常常在奔波中只将它作为睡眠的场所，不再赋予更多美妙的意义。

一个房间其实也是人生的一部分，我们需要好好布置。让房间成为自己独立而美好的世界，而非无趣的牢笼。

我从小到大对房间的要求很简单，不需要太大，装得下理想就好。我的理想十分简单，就想着一天坐在窗前的书桌边写自己喜欢的东西。

房间素淡简单些，床对着窗，一早便能迎着日光起身，夜深时分也能枕着星月而眠。一排木质书架立在墙角，放上盆万年青，窗台上则搁置小型盆栽，兰草或仙人球，桌上则留有一空瓶，专门用来插放不同季节折来的花束，春天是百合，夏天是栀子，

秋天便置桂花，到深冬则插蜡梅。虽说不想装扮得太过花哨，但墙上还是要贴些字画，怀素和尚的草书和莫奈的油画是我的最爱。

曾在朋友Perry的住处留宿。那是一个在大城市中小如麻雀却五脏俱全的房间。厨房、卫生间、淋浴室、阳台、客厅、卧室全都挤在20平方米的屋子里，隔着玻璃。开门便能一眼望穿。墙壁是粉色的，地板是木质的，窗台宽得很，倒能够用来堆书。桌子很矮，没放椅子，我们常常席地而坐。Perry和他对象住在这样一间厦门的月租房里已经大半年了，之前他们一直住在学校。

我问Perry："房租这么贵，为什么不继续待在学校宿舍呢？"

他看着他对象，笑了笑，说："虽然贵，但我们俩可以在一起啊，这比什么都重要。"

"那经济来源呢？"我问。

"Y当家教，也兼职做服务生。我嘛，就写写稿子，够应付了。"Perry答道。

那天睡觉，想起电影《黄金时代》，萧红、萧军、端木蕻良挤一张床的情景，知道一张床最多只能承载两个人的梦。我不忍心将Perry和Y分开，就打算睡地板。他俩给了我很厚的毛毯，夜里听着Y给Perry轻声朗读《小王子》，我竟悄悄睡着了，梦里仿佛是躺在了一片玫瑰花田里。

在我所认识的男生当中，富哥也是布置房间的一把好手。他老家在贵州山里，家境贫寒，早年丧母，但他自立自强，总在跟自己的命斗。没有考上理想大学，大学里追过四五个女生也全都泡汤，他时时想打个翻身仗，却都时运不济。我在考研期间跟他合租过一个房间，他是睡在我下铺的兄弟。

他勤快得很，还没入住就开始打扫，买来绿色墙纸贴到壁上，又购置可拼接的泡沫地板，棕色，整整齐齐铺着。他床单是蓝色的，被褥是鹅黄色的，枕头上印着喜羊羊的卡通，窗台栽种植物，开白色小花，一股幽香游荡在房间之中，丝毫不觉是外表粗犷的男生所为。

我也是好奇，偶尔便问富哥为什么喜欢把房间弄得跟朵花似的。他说，生活够暗淡了，不想自己住的地方也跟着灰暗，它应该缤纷温暖些，也有向上的生命。

房间确实要有生命，它连接着我们另一半的生活，常常宁静、真实而孤独。小时候父亲打了我，我便躲到祖父房里。那时祖父已经离世，空留一间房，终日无人来。那房间很空荡，一张床挨着墙角，蚊帐还在，上面蚊子被拍打的血迹还在，点点变了黑，好像祖父生前脸上的老人斑。我一直面向那房里仅有的一扇木格子窗，从黄昏到入夜，窗外错落的屋檐好像巨鸟被凝固的翅膀密密挨着，动也动不了。屋子里的一切都愈发陈旧了。祖父一生都是那么孤独。幼时他常常对我说，快快长大，长大后你就快乐了，就不是一个人了。到了二十岁，感觉自己是长大了，但是快乐没有增加，孤独没有离开。

我从不厌恶孤独、排斥孤独，相反我倒觉得孤独其实应是我们每个人的必修课。

在一个属于自己的房间里，避开世间喧嚣，不再佩戴面具，也不对谁毕恭毕敬，漂亮话亦可舍去，自己面对的只是自己的那一颗心，爱听德彪西就听德彪西，爱看宫崎骏就看宫崎骏，爱唱董小姐就唱董小姐，谁也不会来说你，谁也不会来管你。仿佛这世界是你的，自己是自己，充满存在感，不再认为自己只是偌大城市中的尘埃。孤独也可以这样舒服。

世上许多被人鄙夷不屑、说三道四、危言耸听的事物，当你习惯了，也就不害怕了。

正如韩梅梅在《一个自己的房间》中所说："独处的快乐，有的人永远不懂。在不断逃避孤独的过程里，我们被圈子驯化，逐渐丧失自我，变成一个别人所期待的那个人，而不是自己。我终于明白并接受我的孤独，学会利用原本会带来寂寞的时间，来照顾自己。"

在属于自己的房间内，你能安静地直面生活，面对自己，思考更多人生的真谛，变得勇敢，信任自己。这也是孤独带来的一种力量。

当然，独独面对着自己的房间也是不够的，我们不能将自己装在密闭的盒子里，我们需要开窗，看窗外萤火流年，樱花束束，风从四方吹来，凉丝丝地游到心上，跟陌生人打个招呼，和某人通个电话，飞机划出轨迹云，黄昏下的城市也不再冷漠，闪着暖暖的光。经年风霜雨雪，都不足以惧怕。

刘瑞琪在《房间》中唱着："要用多少个晴天交换多少张相片，还记得锁在抽屉里面的滴滴点点，小而温馨的空间因为有你在身边，就不再感觉到害怕，大步走向前，一天一月一起一年像不像永远，我们在同一个屋檐下，写着属于我们未来的诗篇，在这温暖的房间……"

每一个住过的房间都像我们的亲人、恋人、闺密，装着你的心事，藏着你的秘密，看你成长，一步一步，哭哭笑笑。

阳光溢进来，事物都在地板上落下深深的投影，时间恍若一瞬间被截断。

在自己的房间，守护自己的人生，天涯路远，全和自己没了关系。

一人住，一人食，一人放声高歌，再小的房间也是自己辽阔的宇宙。

读小学的时候，我最怕村里的孔老师，她好像吃了防腐剂一样，总也不老，教完父亲那一茬人，又教我这一茬。村子里好多人都是她的学生，她因此便在某种程度上有了打人的资格，而且挨了打的学生没有一个敢反抗的。就连家长将孩子交给她的时候，都要特意叮嘱一句："不听话，您就好好打！"

她当然是真打的，一点儿都不含糊。她那根桃木棍小教鞭敲黑板震天响，她的嗓门比雷声还大。她打起我们的手心、脸蛋或者屁股来，简直是在上刑。哪个家长要是敢说她打得不对，在村子里就别想做人了。大人们都说，小孩子不打不成器，孔老师打得好！

我知道盼结束上学的日子是盼不到头的。这孔老师是个"全知全能"的人物，她能教一年级到五年级，批改一屋子的作业，有时候我们一年级和三年级的孩子在一起上课，每个年级占一排桌椅，密密麻麻的，倒也热闹。

冬天的时候就更热闹了。孔老师规定，每两个人值日一天。于是这一天，我就会早早地起床，和同学阿秀从家里带上玉米棒子，赶到滴水成冰的教室里，哆哆嗦嗦地划着火柴，将烂树叶子、朽木棍子、玉米棒子先点燃了，再慢慢地往炉子里放炭。

也不知我和阿秀到底是谁更笨一些，每次跟她合作，都得点个三四次，将教室里弄得乌烟瘴气的，才能将炉火

人间童年

✳安宁

这一簇微弱却又温暖的火，燃烧了很多年，从童年一直到我离开小小的村庄，定居千里之外的城市，它都从未熄灭，犹如天上永恒的星月。

给撩拨得旺起来。趁着同学和孔老师还没有来，阿秀瞅瞅四周，神奇地从兜里掏出一个地瓜来，放在炉子底下，用落下来的炭火碎末来烤地瓜。我闻着那渐渐开始冒出香气的地瓜，有些后悔自己没从家里带花生或者粉皮来烤着吃。

我们两个人围着炉火，边烤手边唠起嗑来，内容从烤地瓜到煮地瓜干，再到扁豆子咸糊涂，还有家里腌的咸菜疙瘩，就连熰锅时锅底上的干锅巴也好好地讨论了一番。最后两个人说得有些困了，便趴在桌子上睡过去了。

等我们醒来的时候，孔老师的教鞭已经恶狠狠地敲了过来。我忽然间想起地瓜来了，却没有寻到那浓郁的香甜味，等到快要下早自习的时候，才从阿秀传过来的字条上得知，那可怜的地瓜已经被孔老师给扔到冰天雪地里去了。好在早自习并不太长，老和尚念经一样摇头晃脑地读完课文，我们便排着队、唱着歌回家去吃早饭。

我在路上跟阿秀探讨，那个地瓜会不会被孔老师给拾回教室去，重新烤烤吃了呢？阿秀刚要说话，前面的"领头羊"大队长便来吼我们："走齐了！唱响亮一点儿！"我只好忍饥挨饿，高声唱歌。不过这样的"酷刑"等一拐过学校前面的大道就再也没用了。我和阿秀率先冲出队伍奔回家去。

母亲早就在村口等着我了。她见我一副饿虎扑食的模样便训我："读书如果跟吃饭似的有能耐，你娘我将来也能跟你享福了！"我心里想，等我像村子里的三祥一样当了工人，一定让你天天吃香喝辣！

不过那事想来太遥远了，什么时候能够摆脱孔老师的教鞭还不一定呢，我当工人，也想得忒远了点儿。

早晨的烦恼，晚上便忘记了。下午 5 点去上晚自习的时候，我和阿秀都从家里带着煤油灯。我多长了个心眼儿，从家里的大瓮里抓了一把黄豆放在兜里藏着。等晚自习上到一片灯火通明，孔老师也被煤油灯给熏得有些透不过气来，摇晃着脑袋去办公室喝水时，我们便开始肆无忌惮起来。我取出早就洗干净的清凉油盒子，先在盒子周围拧了一道铁丝，再将几粒黄豆放到瓶盖里，然后便像老头儿钓鱼一样，悠闲自在地持着那铁丝，在煤油灯上晃来晃去地烤着。

这样干的当然不只我一个人，整个教室里都充溢着浓浓的烤黄豆或者玉米的香味。阿秀凑过脑袋来，咽了几口唾液，问我："啥时候能熟呢？千万别再被孔老师给没收了。"我白她一眼："就不能说点儿吉利话吗？"

那黄豆最后当然还是烤熟了的。于是，我们的自习便上得有滋有味。吃完了黄豆，自习也就结束了。阿秀将挖来的朽木分给我一块，还很贴心地在上面抹了一层蜡烛油。这样，在放学的路上，我们便寻到了另外一种乐趣，一路上那黑黢黢的麦田也不再那么可怕，一群人举着燃烧的朽木，唱着歌回家去。

这一簇微弱却又温暖的火，燃烧了很多年，从童年一直到我离开小小的村庄，定居千里之外的城市，它都从未熄灭，犹如天上永恒的星月。

这是花园，
色彩来来往往

生活奇奇怪怪，我们要可可爱爱。

让每一天都成为限量版惊喜。

原来你很好，大概率，会一直好下去

❊ 林特特

几天前，我发了条微博，关于人生也有偏科生。

其实是个段子，源于我和我儿子的一段对话。睡觉前，我们闲聊天，谈人生。我说，我各方面都不突出，无论工作、学业、家庭还是其他，但我胜在平均分高，哪样都不算太差。我儿子当场反驳了我，他表示，他认为我是偏科严重的代表。我好奇我偏在哪里，他神反转道："你偏科在做妈妈这件事上，你是天下最好的妈妈。"

小朋友的甜言蜜语值得大人欣慰，值得哈哈一笑，更值得记录，我随手写了几十个字，发在微博上，就躺下了。

我忘了这段子，也忘了微博。

又过了几天，我开了一场漫长的电话会，会中遇见一个不太讨喜的甲方代表。当然，我见青山不妩媚，料青山见我亦如是，他眼中，我也不见得招人待见。

挂掉电话，我心情自然不好。我不禁怀疑起工作的价值，怀疑坚持己见的价值；怀疑认真、执着有什么意义，随便改改，交差得了；怀疑我是不是真的不够好，是

你忽然被提醒，你曾经美好过，在一些人的记忆里。

不是即将被社会淘汰，甲方的批评是不是全中了。

心烦意乱，心浮气躁。

我看云聚云散看了有十几分钟，无意识地拿起手机乱点乱刷，点进了微博。

那个段子下有好几条评论，其中一条来自一个陌生的 ID，评论内容是："也是我认为最好的历史老师。"

我心中一动，顺着 ID 点过去，发现是位女性，网名"太阳"，IP 地址显示在安徽合肥，那是我的家乡所在地，再一看，"太阳"已经无声无息关注我两千多天，也就是近七年光阴了。

这条评论勾起了我的回忆。

二十年前，我大学刚毕业，在家乡的一所中学当老师，教历史。

我还记得也是这样的雨天，我在一栋楼的办公室盯着另一栋楼的教室，瓢泼雨声如背景音，我喃喃自语，我什么时候才能离开，离开现在的单位，离开现在的城市，考上研究生，去奔赴我想要的生活。

在中学工作的两年，我并不快乐。

我刚失恋，提前考到北京的男朋友，数月后便做出和我分手的决定，理由是，你很优秀，但在这里，像你这样的，太多了。你不过是小学校毕业，小地方教书的。

不夸张地说，一段时间内，我监考时在流泪，上课写板书时在流泪，乘公交车时在流泪，我为我的不够优秀而惭愧。当我身处校园，就会想起那句扎人的话："小学校毕业，小地方教书的。"

我真正的梦想是写作，教书不过是第二选择。我视办公室为牢笼，视上下班花在路上的时间为浪费。我和同事很少交往，因为我没有一天不想走。

可是，在中学工作的两年，我也并非不快乐。

我的快乐全在课堂，在教学。我非常认真地备课，因为上课本身就是创作，是表达，和写作一样，令人着迷。尤其是被学生用亮晶晶的眼睛聚精会神地盯着，尤其是你说到过瘾处，有掌声，有情绪，有泪或笑，随时能得到最直接的反馈，最及时的回应。

我比我的学生只大十岁，我二十四岁从合肥去北京读研时，他们十四岁，二十年后，他们均已而立，我们其实是一代人。如果我还在做一份坐班的工作，他们完全可能是我的同事，甚至领导。

二十二岁到二十四岁，是漫漫人生中极普通的两年。分别依依，但我有了新的生活，新的职业。那两年睡在记忆里，我不会刻意想起，只在偶尔被过去的学生联系时，比如，我一度换到上海生活，在上海安家的几个学生聚在一起，欢迎过我，又欢送过我。

在心灰意冷的雨天，一条评论唤醒我的记忆。

我的人生不完美，不突出，但有人隔着二十年告诉我，你是偏科生，你是我觉得最好的历史老师。

我不会回去做历史老师，时至今日，我离前专业日久，已经无法说出许多历史事件的准确发生日期。上个月，我去了一个著名的历史遗迹，地名发音特殊，我念错了，我的孩子还嘲笑我。

我只是突然被温暖到了。

当你觉得狼狈不堪时，当你觉得，工作、生活一地鸡毛鸡骨头时，当你有些疲惫，正在怀疑自我价值，你随时可能在时代的跑步机上左脚绊右脚摔倒，时刻警醒，时刻不安，时刻怕下坠，如徒手攀岩，怕万劫不复时，你忽然被提醒，你曾经美好过，在一些人的记忆里。那个美好的自己，不会重来，也在你的记忆里。而她的美好，不过因为当年她做了该做的事，哪怕她不开心，她想离开，她仍然认真去上每堂课。

年纪越长，越明白，不是所有认真努力都能得到回报。但是不认真努力更得不到，我得到的够多了。

我给那条评论点了赞，和"太阳"互相关注。我洗了把脸，收拾收拾心情，坐回电脑前，研究刚才和人争论的文案，哪能轻言放弃，哪能潦草结束，现在不认真，未来就没有认真的那个你。

我想起，我曾写过的一个童话，出版五六年后，在外地出差，我遇见一个年轻的妈妈，她惊喜道，那个故事是你写的呀，我家宝宝好喜欢，我也好感动。

我想起，我朋友圈里的一名警察，很多年后，早已改行，还是会晒出从前他帮过的人逢年过节给他发的感谢短信。

认真做一件事，会有长尾效应。短时间看，它会让任务完成、完美；长时间看，它会帮到自己，让你隔着漫长的岁月，得到鼓励。原来你很好，大概率，会一直好下去。

那些**美好**又妙不可言的**瞬间**

❋ 淡淡淡蓝

> 光影是流动的，它不是一成不变的，这一刻看到的光影，和下一刻看到的光影，会截然不同。

早晨出去办事，车开回小区时，发现一处墙上有好看的光影。停好车后，我特地走回去，拍下了这个美丽的瞬间。

特别着迷这些光影，微风吹拂时，它跟着轻轻晃动，像坐在船上，摇啊摇。风大起来了，能听到树叶哗啦啦摇晃的声音，光影也随之起舞，活泼灵动，像一个无忧无虑的少年，轻舞飞扬。即使没有风，光影也是很美妙的，有时我能盯着它，看好久好久。

有一天，我看到一辆脏兮兮的运输车，车身上都是厚厚的水泥污垢，但因为有了光影的加持，突然变得又萌又可爱。

观察久了，我掌握了属于我一个人的光影密码。我知道哪个季节，哪棵树，哪片墙，哪块土地，哪扇门，甚至哪扇窗，会有着怎么样的光影。

光影是流动的，它不是一成不变的，这一刻看到的光影，和下一刻看到的光影，会截然不同。这也是我沉迷其中，始终不觉得厌倦的原因。

我的文友池月说："小猫看到光影的时候，不仅扑过去追来追去，而且还会发出'呀呀'的赞叹声，这种声音只有在这个时候才会发出来。"这是怎样的一种欣喜和惊叹啊！

我就是那只小猫。

春天的一个傍晚，我去楼上露台收衣服，下楼的时候，在楼梯间看到了一束光，走过的我会在墙上留下一个光影。我迅速扔掉衣服，坐在地板上对着光影摆各种造型，拍得又放飞又快乐。

市区第一医院，年代久远，庭院深深。参天大树，光影斑驳，每个季节都有不同的美。每次路过，我都会情不自禁地仰头，看光影从树叶的缝隙中穿过，大理石的墙面上有影子像水一样流动。

步行上班，会从一个小区穿行而过。早秋，一棵树影完全映在墙上，这情景常常让我驻足，让我比平常上班迟到10分钟。还有一个古梅花观，一个铁佛寺，每年都要去，看花，也看光影。

有时开车在路上，看到光影在车窗外一闪而过。方便停车时，我就会停下来，捕捉住这个画面。不方便停车时，则百爪挠心，错过光影比错过美食更让我遗憾。

情绪低落的时候，我从相册里找出这些照片，配上舒缓的音乐，编一个视频。我一遍又一遍地欣赏，被自己拍下的这些照片治愈了。看着这些照片我就会想：原来在很多个节点，曾经有那么多美好又妙不可言的瞬间。

一边啃着甜甜圈

✽ 村上春树

从一九九一年到一九九五年，我客居美国，在几所大学教书。

当时每周有一次一小时的"office hour"。

"office hour"是美国大学特有的制度，在每周规定好的时间里，不论是谁都可以去敲老师研究室的门，将师生关系的条条框框抛在一边，海阔天空地谈论各种话题。

想提问题就可以提问，有事相商就可以商量，单单是闲聊也没关系。

是一段非常随意非常自由的时间。

利用这段时间，形形色色的学生访问过我的研究室，一面喝着咖啡、啃着甜甜圈，一面无所不谈。

美国学生也来，日本学生也来，中国学生也来，韩国学生也来了许多。

就是在这个时候，我得知在美国、韩国，以及中国有不少读者相当热心地阅读我的小说，我感觉有点吃惊。

当然，我的小说被翻译过去的事实，作

这是花园，色彩来来往往 ✏

本人既不风趣，也不出众。

为知识我是知道的，但根本没想到实际竟有那么多读者。

而且听他们说，他们并不是把我的小说当作"某个遥远的外国的小说"，而是作为自己生活的一部分，极其自然地进行阅读和欣赏。

尤其是同韩国及中国的年轻人谈论小说时，几乎不曾意识到国家、文化和语言的差异。

当然，差异肯定存在，但我们谈得热火朝天的主要是共性，不是差异。

得知他们是这样怀着亲切感阅读我的小说，我非常高兴。

我写小说的重大目的之一，就在于同读者分享故事这个"生命体"，并以这样的分享为杠杆，在心与心之间挖掘出个人的通道来。

不管你是谁，不管多大年龄，不管身居何处（不管是在东京，还是在首尔），这种事情全然不成问题。

重要的是你能否紧紧拥抱我写的故事，把它当作"自己的故事"，仅此而已。

我原本就不会积极外出与人交谈，平素写小说时几乎从不见人。

尤其是对着初次会面的年轻人，几乎可以说是一言不发。

然而托美国大学"office hour"的福，我有机会与各种各样的人，特别是外国的年轻一代见面，并且亲切交谈。这对我是极大的激励。

我切实感受到如果能写出好故事，各种各样的事情都会成为可能。

我暗自担心，大家与我实际见面交谈之后，会不会仅仅收获了失望呢？

因为本人既不风趣，也不出众。

但有人愿意来见我，还是令我高兴，让我感激。

要是"office hour"这样的形式能够永远存在，一边啃着甜甜圈，一边与大家共度午后一段时光，那该多好。

收获与欢乐的"结算时间"

✲ 曾颖

每当百无聊赖嫌时间过得慢时，我便会本能地想起这句话，心里凛然一振。

小时候，我家住平房大院，七八户人家共处在一方小天地里，鸡犬声相闻，烟火气相通，一家炒肉，全院闻香；一家吵架，四邻不安。那时只觉得局促和嘈杂，如今回忆起来，却别有一番味道。

在我心目中最美好的院子，不是我家住的那一处，而是隔壁巷子尽头的另一处小院。门口有一座水井，院里有小花圃和洗衣台，住着李、陈、张、罗、崔、吕六家人。这里是我最爱来玩的地方。我关于故乡与小院子的回忆，大多也就是这个地方。我的发小罗小娃、陈育萍、张雪、吕勇和李克勇，都住在这里。

在这个小院子里，我们放过幻灯片，玩过盒式录音机，用头蒙着被子听过邓丽君。许多惊悚的第一次，都发生在这里。给我记忆最深的，是李爷爷。

李爷爷是克勇的爷爷，是小院里不多的令我敬畏的人。事实上，他没打过也没骂过任何人，但总是给人一种不怒而威的凛然感。无论是他那洗得发白却整洁的上衣，还是永远都闪着寒光的眼镜，或是插在上衣口袋、从没见过出壳的钢笔，都给人一种不可侵犯的威严感。

他的话很少，但很有力。每一次喊克勇回家吃饭或做作业，声音轻柔但不容拒绝。每次，克勇都会乖乖地听话。这令包括我妈在内的所有邻居服气。对于玩得兴起的孩子，不拿棒子、不扯耳朵甚至不用撕破嗓子的威吓就能喊回家，实在令人佩服。

李爷爷用实际行动，让人们见识了言语的力量与声音高低无关。

在我的记忆里，李爷爷对我说的话不超过二十句，其中十五句以上是下逐客令，让我快回家去吃饭或做作业。在他的眼中，我这种顽皮的孩子，是可能影响到他孙子健康成长的因素。所以，一见我们在一起，他必然会想出一个看似有理的由头，将我们分开。

即便如此，他仍然是我敬重的那种老人。他说过一句让我牢记一辈子的话。那句话不是专门对我说的，而是劝隔壁崔婆婆的。

那是一个星期天的早晨，崔婆婆在成都工作的儿子一家没有像平常那样准时回来，崔婆婆显得很失落，突然有种手脚都不知道该往哪儿放的感觉。换往日，儿子一家回来，她两三天前就会开始忙碌，到星期天一定会菜香肉艳地弄上一大桌子，摆在巷子里，吃得人喜神欢，令人羡慕。她虽然忙里忙外，辛苦几日，却十分快活。她丈夫去世很早，她拖着儿子长大，儿子很有出息，在省城工作并成家，每个星期回来看她，于她而言这就是一个节日。

那天可能儿子有事没回来，那时电话也不方便，崔奶奶可能在向李爷爷抱怨儿子的不归，长吁短叹，末日一般。

李爷爷劝她，说："你不应该太迷恋儿子回来的这一天，而让其余的时间显得漫长而多余。因为一天的快乐，而厌烦其余六天，是不明智的。儿子回来有回来的快乐，不回来有不回来的乐趣，你切不要钻牛角尖。人的一辈子，快乐和喜悦的时间终归是少数，平淡的时光是多数，不要因为那些短暂的快乐时光，而让其余的时光都变得愁眉苦脸。"其实想起来，大概就是今天流行的"活在当下""过好每一天"的意思吧。

这些话，崔婆婆听没听进去，我不知道，而当时的我恰好从窗边路过，听了进去，一直记到现在。

每当百无聊赖嫌时间过得慢时，我便会本能地想起这句话，心里凛然一振。我大半生把收获与欢乐的"结算时间"定在每一天，随时都傻呵呵地穷欢乐的毛病，可以追根至此。

"安妮"终将长大

✿ 姚瑶

它又不仅仅属于我，它同样属于所有与安妮一样，有过热烈与忧愁并存的少女时代的姑娘们。

最近一次回家，帮妈妈在旧房子里整理东西，无意中在书柜顶上发现一张卷起的世界地图。这张大大的地图曾经贴在我的床头，贴了很多年。

我把地图一点点展开，在加拿大版图的东海岸，有一个小小的半岛被钢笔圈了起来，边上还歪歪扭扭地写着"一定要去的地方"，那个小小的半岛名叫"爱德华王子岛"。

我不记得这是自己小学还是初中时写上去的，但我永远记得为什么会圈出这个地方、写下这个幼稚的心愿。毕竟对当时的我来说，别说翻山越海去加拿大了，就是偌大的中国我也没有去过几个地方。

一切都要从一个住在爱德华王子岛的红头发小姑娘说起。

如果你问我少年时代最喜欢、读过最多遍的书是什么，我会毫不犹豫地告诉你，是《绿山墙的安妮》。并且同许多乐于把自己代入故事的小女生一样，我认定安妮就是我，我就是安妮，用安妮的话说就是——"我们拥有相似的灵魂"。

《绿山墙的安妮》是加拿大女作家蒙哥马利"安妮系列小说"中的第一部，历经5家出版公司的无情退稿，终于在1908年面世，出版仅6个月便再版6次，其后5年内更是缔造了再版32次的辉煌纪录。《绿山墙的安妮》出版后，来自世界各地的读者信件便像雪片般飞往偏安一隅的爱德华王子岛，在读者的鼓励下，蒙哥马利又写下了"安妮系列小说"的另外几部。

在当时的加拿大，以乡村生活为背景、弘扬真善美的作品风靡，而《绿山墙的安妮》为何能够在众多同类作品中脱颖而出、备受推崇呢？我想，答案就在"安妮"身上。

安妮绝对算不上漂亮，红头发、满脸雀斑，瘦得过分，总是幻想着拥有"石膏般的额头"和"金色的鬈发"，向往灯笼袖以及成为美丽的新娘。

安妮更算不上完美，她脾气暴躁，自尊心过强，一天到晚沉浸在漫无边际的幻想里，不停地犯错和制造麻烦，还有着不小的虚荣心。

我想，大多数女孩在十一二岁的年纪都是这样的吧，不甘平凡并憧憬未来。

如果你刚刚翻开书，初次听到安妮开口说话，千万别惊讶于她是个话痨以及她怪异的说话方式。小安妮非常爱说话，已经到了喋喋不休、聒噪不堪的地步。小小的她偏偏钟爱大人的表达方式与大而不当的词汇，以至于总是一副小大人的模样在那里夸夸其谈、手舞足蹈。

正如安妮的外形与性格一样，故事里的每一天都是欢快的、明朗的，充满希望，很容易让我们忽略这部作品的悲伤底色。安妮是个孤儿，一直孤独而辛苦地活着，直到阴差阳错地来到爱德华王子岛，成为绿山墙农舍的一员，她才第一次"真正属于某个地方"。但是安妮从不自怨自艾，也极少谈论自己，哪怕在述说凄苦的童年时，也会说得笑料百出。或许正是因为这样的轻描淡写，那被忽略掉的悲伤底色在故事接近尾声时，才更令人唏嘘。

蒙哥马利在"安妮系列小说"中事无巨细地交代了一个小女孩如何一点点长大成人，她遭遇的好人与坏人、朋友与敌人、快乐与烦恼，她一路热热闹闹、跌跌撞撞、鸡飞狗跳地长大，终于成为17岁的大姑娘，不再叽叽喳喳，不再是话痨，不再滥用浮夸的词汇，不再轻易吐露心声，成长的轨迹是如此可信，没有丝毫的突兀。此时若你再翻到书的开头，看看那个聒噪的小丫头，发现她简直同结尾处的女孩判若两人，这种变化究竟是从何时开始的呢？或许我们应该问一问自己是从何时开始不再随口谈论梦想，不再夸夸其谈，不再口无遮拦，那恐怕就是安妮成长的开始。

爱上这本书，就是爱上了这个有血有肉的安妮，无论是开心还是痛苦，她总能看向远方，接受未知，将幻想化为向前奔跑的动力。安妮的故事并没有童话般的结局，却因缺憾而更温暖。

或许，蒙哥马利能够将一个女孩的成长写得如此自然流畅不着痕迹，是因为安妮的身上充满了作者自己的影子。自幼失去母亲，长期与家人分居，得不到亲情与认可，生活虽然乏善可陈，但她的脑袋里有千奇百怪的想法。所以，蒙哥马利虚构了一个安妮，记录下曾经的自己，同时也预言了每一个爱做梦的小女孩的成长轨迹。

少年时那一本很老旧的《绿山墙的安妮》被我翻看到散架，又小心翼翼地黏合起来。我也收藏了许多不同的译本。正如一千个读者眼中就有一千个哈姆雷特，于是我开始好奇，英语世界里的安妮究竟是什么模样呢？我开始想用安妮的语言去读懂安妮。当我问我的中学英语老师，我要把英文学到什么程度才能看懂原版小说时，老师信誓旦旦地拿出《新概念英语》第二册对我说，把这本书从头到尾背得滚瓜烂熟就可以了。我长大以后回想，觉得老师可能只是随口开了个玩笑，但我认真去做了，我真的去背了那本厚厚的英语教材上的每一篇短文，熟练到无论是背诵还是默写都几乎不需要经过大脑。背完之后，我读的第一本原版书，就是《绿山墙的安妮》。当我开始阅读那些长长的英文语句、小心翼翼地查词典、拆分复杂的从句时，心里又慢慢勾勒出一个全新的安妮。

我想还原出一个自己的安妮。在大学的图书馆里，我偶然冒出了这样的念头，便在看书复习的间隙，在图书馆的大桌子上，摊开《绿山墙的安妮》和空白的笔记本，挑选喜欢的段落一点点去读、去翻译、去斟酌。有时我也会从订阅的英文杂志上选取喜欢的英文小说段落来翻译。彼时我从没想过这些连练习都称不上的翻译能够给我的人生带来什么，这一切都只是因为我喜欢那个红头发的小姑娘，我仍梦想着有朝一日能去她的故乡看一看，除此之外，再没有任何别的目的。

然而，正是因为在图书馆里日复一日无心插柳，如今英语文学翻译成了我重要的工作内容，译者也成了我作者之外的另一个重要身份，并且出版了自己翻译的《绿山墙的安妮》。我想，这才是我第一次真正握住了安妮瘦弱的小手，在触碰到她的那一刻，我有强烈的冲动，想用自己相似的灵魂，让更多人感受到她用力跳动的脉搏。

故事里的安妮有许许多多不着边际的梦想，她想写故事，她想去远方，她想成为这世上独一无二的那个人，她想站在舞台中心，让某一束光只为她而亮。故事之外的我，或许从未意识到，自己也在这熙熙攘攘的世间渴望一个特别的位置，渴望做一些特别的事情，渴望为自己来过的这个世界留下些什么。我不知道是该感谢当年做了许多无用功埋头翻译的自己，还是该感谢这个红头发小姑娘。总之，我找到了自己想要一直做下去的事情，我还有更多的事情要去完成，我仍有热情在未知的生活里一关一关闯下去。

《绿山墙的安妮》并没有一个圆满的结局，但是安妮在自白中说，就算面前的道路逼仄狭窄，她也知道幸福之花会沿着小路悄然绽放。就算前方道路充满曲折，诚恳工作的乐趣、值得追寻的理想和意气相投的朋友都是她的收获，没有什么能够把她与生俱来的想象力和理想中的梦之国度夺走。明天会怎样，愿望能不能实现，谁都无法预测，可最重要的就是往前走，一直走，相信自己终有一天能在路边寻到命运赠予的礼物。

我想命运赠予我的礼物就是这一本属于我的《绿山墙的安妮》，同时它又不仅仅属于我，它同样属于所有与安妮一样，有过热烈与忧愁并存的少女时代的姑娘们。

虽然我还没能去爱德华王子岛，但我知道，终究会有那么一天。重新折叠起那张褪了色的大地图，我觉得成长真是不可思议又充满惊喜。

每一个小小少女终将长大成人，包括安妮，包括你我，可是有过的梦想还是要放在心上。那个真诚面对世界的孩子，请你永远爱护她。

吃尽 地球花园里的 果子

✽ 李银河

> 我愿我的生命像一只小小蜜蜂，飞入花丛，只采撷花中的那一点点精华，只看最好的书，只交最好的人，只做喜欢的事。

最近从一本闲书上偶尔看到王尔德表白自己人生态度的一句话，说的是他活在世上，就是要"吃尽地球花园里的果子"。这句话让我心中一凛，突然就激起强烈的共鸣。我一向是喜欢王尔德的，喜欢他的文字，也喜欢他这个人。他还是出名的美男子，他位于巴黎拉雪兹神父公墓的雕像上印满了爱慕者的唇印。现在还要再加上一条：喜欢他的人生态度。

我发现在这个世界上，人们看待人生的态度可以大致分为两类，一类是苦熬派，一类是享受派。苦熬派把人生看作一服苦药，皱着眉头把它咽下去，苦不堪言；享受派就是王尔德这样的，把人生看作一场充满未知事物和意外惊喜的冒险，把世界看作一座鲜花盛开果实累累的大花园，一心想做的就是要把地球花园里的鲜美果子吃个遍，乐不可支。

苦熬派活得战战兢兢，规规矩矩，从不偏离别人为他设置的轨道，从不敢逾越社会习俗的雷池一步。我看好多人在家里墙上挂一个"忍"字，遇到委屈要忍，遇到欺负要忍，遇到压迫要忍，不能反抗，不能出声，更不能自由地歌唱。一生从摇篮熬到坟墓，把欲望降到最低，把声音压到最低，只能老老实实，不能乱说乱动，就这样把一生苦苦熬到头，离开这个凄风苦雨的世界。

享受派则活得随心所欲，兴高采烈，敢于打破不合理的规矩和习俗，按照自己的本心，活出自己的本色。地球在他们眼中是个大花园，园中百花齐放，百鸟齐鸣。即使是不合口味的果子，也要尝上一尝——你不尝尝，怎知它是否合自己的口味呢？吃了这个果子，发现味道欠佳，随即弃之不顾，另觅奇异之果。一生就这样寻寻觅觅，吃尽地球花园里的果子，不亦乐乎。

我曾经悟出一种人生态度，我把它叫作采蜜哲学。简言之，我愿我的生命像一只小小蜜蜂，飞入花丛，只采撷花中的那一点点精华，只看最好的书，只交最好的人，只做喜欢的事。到了生命的尽头，就心满意足地离去。我想的是采蜜，王尔德想的是啖果；我把人生比作花丛，他把世界比作花园，难道这就是所谓英雄所见略同吗？

但要漂亮笑下去

✽宁远

在这个世界上，总有人在做着不需要被人理解的事。

这不是生活的真相

很小的时候，我个子矮，坐在教室的第一排，特别听老师的话。那个时候，爱读书的学生是不招小朋友们待见的。长大一点了才明白，要想扎进人堆里就得同流合污，于是装出一副“坏孩子”的样子，和大家疯玩，跟老师吵架，深夜和小伙伴们一起去偷邻居家地里的甘蔗，一边偷甘蔗，还一边骂人，没有告诉任何人其实自己已经被吓得尿了裤子。

拧巴的人生应该就是从那个时候开始的。

再大一点，初二那年，我突然就比班里所有的女生都高了，甚至比同桌的男生都高，又瘦，站在哪儿都能一眼被认出来。那个时候，我见着比自己矮的男生总是很不好意思，在跟人说话时都是一副抱歉的样子，身子低下来，头埋着。

怕跟别人不一样，总想在一个群体里得到认同，湮没在人群里才会有安全感，从来没有坚定过这一辈子要成为怎样的人，不知道自己要去哪里。

长大后，我有了很多朋友，会处事、待人热情、宽容、善良、周到——这些差不多是别人对我的全部评价，好像也是我乐于接受的评价。但我究竟要去哪里？不知道。

读书、打工、做导游、当演员、考研、上讲台、进电视台、做记者、做编导、做主持人、做制片人……这些经历构成我之后的生活轨迹。做导游的时候，我还是学生；进电视台的时候，我是老师；在讲台上的时候，我还是个主持人。我力所能及地做很多事，我足够聪明和努力，命运总是给我安排过多的选择，我总是按照大家给我的评价和定义去选择、去活着。但我仍然不知道自己要去哪里，所有的选择都基于别人定义我的样子，或者我想象中的别人所希望我成为的样子，我把真实的自我深深地掩埋。

很长一段时间，我对自己努力经营出来的样子感到满意，但内心很清楚，这不是生活的真相。

你是谁，就会遇见谁

我只有躲在自己的本性里时才觉得最舒服。常常累得不行了，回到家还是舍不得休息。读书、做手工、种花……这些在别人看来可有可无的事情，对于我却异常重要。

几块碎花布，在我的拼接下会变成让人惊讶的模样，飞针走线里，它们开始变得生动，开始有自己的风格和气质，开始拥有精神层面的含义。一颗种子，埋进土里就会慢慢生根发芽，我给它浇水、施肥，它就能慢慢长成我所希望的样子。这些琐碎的过程在我看来美好得很。在简单的手工劳动里，我可以和自己对话，与自己相处。

在这段长长的时间里，做手工占据了我大部分的生活，我经常找来各种碎布头，把它们缝成我想要的样子，常常缝着缝着，一抬头天已经暗了下来。

一切发生得那么自然。两年前的某一天，我突然想要一双鞋子，一双我小时候一直想要却得不到的那种原始的、不花哨的丁字皮鞋。但我逛遍了商场也没能找到。在我的想象中，它散发着童年的味道、原始的气息。得不到，我就把它画在纸上。后来在经过乡下一家皮鞋作坊时，我走进去问那个正在埋头做鞋的师傅："你能照这个样子帮我做出来吗？"他看了看我递过去的图纸，说："这多简单啊！"

经过无数次的沟通后，我想象中的鞋子终于摆在了我面前，而这双鞋子从一个想法到图纸再到成品的过程，也被我用文字和图片呈现在了网络上。我惊讶地发现，居然有人和我一样，想要一双这样的皮鞋。其实在现实生活中，大家对我做出这样一双鞋子完全不以为意，大多数人并不需要这样一双没有装饰，也不流行、不时尚的鞋子。网络那么大，世界那么小，我凭借这双丁字皮鞋找到了同类。你是谁，就会遇见谁。

我们生活在一个匆忙的世界，如果不是被手中的这个小物件吸引，真的很难找到一段独自面对自己的时间。沉下心来让身体投入一项简单的劳动中，精神就会得到放松。

以前，我想让湮没在人群里的自己获得认同，如今做手工让我明白，寻找安全感的方法可以有很多，但最可靠的是：让内心变得坚定和从容。

● 安静与专注地倾听

我曾经做过一档话题节目的主持人。所谓"话题节目"，就是请来一帮嘉宾和当事人，针对一个话题进行争论。这种节目很火，制作成本相对来讲不算高，收视率却往往超出预期。嘉宾们在现场进行一场话语的狂欢，尽情表达，主持人要做的是平衡发言，在吵得太厉害的时候也适当阻止，当然，耳机里会传来导演的小声提醒："不要说话，让他们再争论一会儿。"导演是最清楚的：每周的收视率数据显示，收视率的最高点就在嘉宾们争吵得最厉害的那一段。一定是这样的。

所有的人都在说话，持不同意见的嘉宾来到节目中，只为找到合适的机会表达自己的观点。有时几个话筒里都是声音，音量越来越高，每一个人都试图让其他人听见自己的声音，电视机前面的观众也可以参与讨论，他们可以通过打电话、发短信、发微博、发微信等方式加入谈话。也就是说，所有的人都在说话。这多像这个时代的缩影，多像我们这个喧嚣的世界。有时看着他们吵啊吵，我会突然在心里问：

"谁在听啊？"

是的，忍不住想问，如果所有的人都在说话，那么听众在哪里？

在这个散乱的世界，每个人都在表达自己，却唯独少了那些坐在对面认真聆听、静静端详着你的听众。我们所有的人都陷入言语世界的狂欢中，但原来这只是一群人的孤单。

曾经在一所特殊教育学校和一群盲人孩子交流，几十名学生坐在台下，教室里安静得出奇。孩子们的身体微微前倾，表情庄严而安然，他们依靠听觉用心来感知我，我紧张得无所适从，太长时间没有被一群人这么安静又专注地倾听，我竟然悄悄地哭了，那是一种好到不安的感觉。

安静与专注，是我们生活的这个世界最为稀缺的东西，我们经常不由自主地就成了喧闹的人群的一部分。所以，我常常提醒自己，可不可以安静下来，从做一名认真聆听的听众开始？

这是我的选择

在夏天消逝之前，我摘下了院子里的最后一个红番茄，是红在地里的番茄。那些在市场上买到的绝大部分番茄，你看到它们是红的，但实际上在它还是青绿色的时候，就被迫离开了土地，离开了藤蔓。它们被装进箱子中，运进城里，从一个地方到另一个地方，等你们看到它们的时候，它们已经红了，它们不是红在藤蔓上，而是红在疲惫的运输过程中。

如果你见过红在地里的番茄，你就会相信我所说的话：这两种红是不一样的，

番茄的味道也是不一样的，成熟在地里的番茄更甜，或者更酸。

生命是一种博大的东西，除了番茄，还有南瓜、生姜、辣椒、小葱和玉米，我家不到 70 平方米的一楼小院里挤满了各种蔬菜。不仅如此，两周前买来的红薯，有一个被放在厨房的角落里忘了吃掉，发现的时候它已长出了嫩芽，我就干脆把它放在盘子里，每天浇水，两周过去，它就长成了我心里想要的样子：水培盆景。把它放在落地窗前，枝叶就倚靠在玻璃上，它总是朝着屋外有光的方向伸展。过两天我让它转身，背阴的一面对着光，再过两天，这背阴一面的枝叶又伸展开来……

在影片《海上钢琴师》里，那个世人无法理解的钢琴师 1900，从出生的那天起就一直待在海上，从未离开过大船。有一天，1900 终于鼓起勇气准备下船了，他走到第三级台阶的时候回望了大海，又转身回到了船上。

"你在海上待了 32 年，从出生到现在，从未离开，为什么？现在又为什么想离开？为什么又要回来？"有人问他。

"我只是想从陆地上看看大海。"他说。他最终和大船一起消失在海里。也许海洋上的 88 个琴键，在他的世界里比任何事情都更重要，也可能在还没有学会与这个世界和平相处之前，这是最好的选择。他的一生就是这样，他凭借钢琴注视世界，并获取了它的灵魂。

在这个世界上，总有人在做着不需要被人理解的事。

这是我的选择。

古代的禅师从喝茶喂粥中感悟众生，不知道罗马街头那端咖啡的侍者有什么要告诉我的，我多愿自己也是一份千研万磨后的香醇，并且慎重地斟在一只洁白温暖的厚瓷杯里，带动一个美丽的清晨。

一句好话，一夕成长

✳ 张晓风

小时候过年，大人总要我们说吉祥话，但碌碌半生，竟有一天我也要教自己的孩子说吉祥话了，才蓦然警觉这世间好话是真有的，令人思之不尽，但却不是"升官""发财""添丁"这一类的，好话是什么呢？冬夜的晚上，从爆白果的馨香里，我有一句没一句地想起来了。

你们爱吃肥肉，还是瘦肉？

讲故事的是个年轻的女佣，名叫阿密，那一年我八岁，听善忘的她一遍遍重复讲这个她自己觉得非常好听的故事，不免烦腻。故事是这样的：

有个人啦，欠人家钱，一直欠，欠到过年都没有还哩，因为没有钱还嘛。后来那个债主不高兴了，他不甘心，所以到了吃年夜饭的时候，就偷偷跑到欠钱的家里，躲在门口偷听，想知道他是真没有钱还是假没有钱。听到开饭了，那欠钱的说："今年过年，我们来大吃一顿，你们小孩子爱吃肥肉，还是瘦肉？"（顺便插一句嘴，这是个老故事，那年头的肥肉瘦肉都是无

上美味。）

那债主站在门外，听得清清楚楚，气得要死，心里想，你欠我钱，害我过年不方便，你们自己原来还有肥肉瘦肉拣着吃哩！他一气，就冲进屋里，要当面给他好看。等到跑到桌前一看，哪里有肉，只有一碗萝卜一碗番薯，欠钱的人站起来说："没有办法，过年嘛，萝卜就算是肥肉，番薯就算是瘦肉，小孩子嘛！"

原来他们的肥肉就是白白的萝卜，瘦肉就是红红的番薯。他们是真穷啊，债主心软了，钱也不要了，跑回家去过年了。

许多年过去了，这个故事每到吃年夜饭时总会自动回到我的耳畔，分明已是一个不合时宜的老故事，但那个穷父亲的话多么好啊，难关要过，礼仪要守，钱却没有，但只要相恤相存，菜根也自有肥腴厚味吧！

在生命筵席极寒俭的时候，在关隘极窄极难过的时候，我仍要打起精神对自己说：

"喂，你爱吃肥肉，还是瘦肉？"

我喜欢跟你用同一个时间

他去欧洲开会，然后转美国，前后两个月才回家，我去机场接他，提醒他说："把你的表拨回来吧，现在要用中国时间了。"他愣了一下，说：

"我的表一直是中国时间啊！我根本没有拨过去！"

"那多不方便！"

"也没什么，留着中国时间我才知道你和小孩在干什么，我才能想象，现在你在吃饭，现在你在睡觉，现在你起来了……我喜欢跟你用同一个时间。"

他说那句话，算来已有十年了，却像一幅挂在门额的绣锦，鲜红的底子历经岁月，却仍然认得出是强旺的火。我和他，只不过是凡世中，平凡又平凡的男子和女子，注定是没有情节可述的人，但久别乍逢的淡淡一句话里，却也有我一生惊动不已、感念不尽的恩情。

好咖啡总是放在热杯子里的

经过罗马的时候，一位相识不久的朋友执意要带我们去喝咖啡。

"很好喝的，喝了一辈子难忘！"

我们跟着他东抹西拐大街小巷地走，石块拼成的街道美丽繁复，走久了，会让人忘记目的地，竟以为自己是出来踏石块的。

忽然，一阵咖啡浓香侵袭过来，不用主人指引，自然知道咖啡店到了。

咖啡放在小白瓷杯里，白瓷很厚，和中国人爱用的薄瓷相比另有一番稳重笃实的感觉。店里的人都专心品咖啡，心无旁骛。

侍者从一个特殊的保暖器里为我们拿出杯子，我捧在手里，忍不住讶道：

"咦，这杯子本身就是热的哩！"

侍者转身，微微一躬，说："女士，好咖啡总是放在热杯子里的！"

他的表情既不兴奋，也不骄矜，甚至连广告意味的夸大也没有，只是在说一句天经地义的事而已。

是的，好咖啡总是应该斟在热杯子里的，凉杯子会把咖啡带凉了，香气想来就会蚀掉一些，其实好茶好酒不也都如此吗？

原来连"物"也是如此自矜自重的，《庄子》中的鸟择枝而栖，西洋故事里的宝剑深契石中，等待大英雄来抽拔，都是一番万物的清贵，不肯轻易怠慢了自己。古代的禅师从喝茶喂粥中感悟众生，不知道罗马街头那端咖啡的侍者有什么要告诉我的，我多愿自己也是一份千研万磨后的香醇，并且慎重地斟在一只洁白温暖的厚瓷杯里，带动一个美丽的清晨。

将来我们一起老

其实，那天的会议倒是很正经的，仿佛是有关学校的研究和发展之类的。

有位老师，站了起来，说：

"我们是个新学校，老师进来的时候都一样年轻，将来要老，我们就一起老。……"

我听了，简直是急痛攻心，赶紧别过头去，免得让别人看见眼泪——从来没想到原来同事之间的萍水因缘也可以是这样的一生一世啊！学院里平日大家都忙，有的分析草药，有的解剖小狗，有的带学生做手术，有的正埋首典籍……研究范围相差甚远，大家都无暇顾及别人，然而在一年一度的后山蝉鸣里，在一阵阵的上课钟声间，在满山台湾相思芬芳的韵律中，我们终将垂垂老去，一起交出我们的青春而老去。

你长大了，要做人了

汪老师的家是我读大学的时候就常去的，他们没有子女，我在那里跟从他读"花间词"，跟着他的笛子唱昆曲，并且还留下来吃温暖的羊肉涮锅……

大学毕业，我做了助教，依旧常去。有一次，因为买不起一本昂贵的书便去找老师给我写张名片，想得到一点折扣优待。等名片写好了，我拿来一看，忍不住叫了起来：

"老师，你写错了，你怎么写'兹介绍同事张晓风'，应该写'学生张晓风'的呀！"

老师把名片接过来，看看我，缓缓地说：

"我没有写错，你不懂，就是要这样写的，你以前是我的学生，以后私底下也是，但现在我们在一所学校里，你是助教，我是教授，级别虽不同却都是教员，我们不是同事是什么！你不要小孩子脾气不改，你现在长大了，要做人了，我把你写成同事是给你做脸，不然老是'同学''同学'的，你哪一天才成人？要记得，你长大了，要做人了！"

那天，我拿着老师的名片去买书，得到了满意的折扣，至于省掉了多少钱我早已忘记，但不能忘记的却是名片背后的那番话。直到那一刻，我才在老师的爱纵推崇里知道自己是与学者同其尊、与长者同其荣的，我也许看来不"像"老师的同事，却已的确"是"老师的同事了。

竟有一句话使我一夕成长。

你要给自己很多很多的爱

✲王宇昆

从这一刻开始，学会更好地爱自己，学会给自己很多很多的爱，多过这世界上的有色眼镜，多过肩膀上的狂风。

13 岁时开始在杂志上发表作品，17 岁时因为“新概念作文大赛”出道，后来出版长篇小说、短篇小说集、散文集、图文集……从出版处女作起，除了新人作家的定位之外，我还被包装成“高颜值鲜肉作家”。

签售会结束时的大合影环节，一位才赶到的读者拿着几本我之前出版的作品，问可不可以为她写几句话。她还笑着递来一封信，封面上工工整整地写着一句话：“你要给自己很多很多的爱，多过肩膀上的狂风。”

签售会结束那天晚上，我读了那封信。她说她从前是一个特别不自信，甚至讨厌自己的人，因为她特别胖，脸上全是青春痘，而且右耳因为先天原因听力很差，需要佩戴助听器。她习惯了被当作“丑陋”的女生，害怕别人用异样的眼光看她，永远都是独来独往。直到看了我的一篇文章《少男病》，知道了我从一个大胖子瘦身成功的故事后，她也开始尝试改变自己，不再遮掩右耳听力的问题，游泳、跑步，学着接受别人的赞美。回忆起签售会那天见到的她，落落大方，笑起来眼睛弯弯，完全想象不到她曾经历过那些艰难时光。

因为她提及的那篇短文，我又回想起了自己的学生时代。高中时，我是个标准的胖子，肥肉包裹住我刚刚发育的喉结，领校服时适配我身高的尺码，我怎么也套不进去。因为肥胖，我暗暗地告诉自己注定是没有运动细胞的男孩，我肯定学不会打篮球，肯定跑不了马拉松，肯定跳远不及格，肯定不会被别人喜欢……想遍所有能用来评价自己的褒义词，似乎只想到了“爱耍宝的灵活胖子”。

怎么也不会想到，曾经这样一个我，在多年后竟然变成了新书海报中的“颜值作家”。现在的我回忆起当时高中毕业后努力减肥，甚至用不正确的方式减肥，其实并不是因为我想要好好地爱自己、尊重自己，而是为了取悦别人，迎合这个世界给我的标签和定义。

我成功瘦下来，一定会有更多读者喜欢我；我不会因为在食堂比别人多吃一碗米饭而遭受奇怪的眼光；我不再畏惧去商场里试衣服时别人打量我的目光……怀揣着这样的期望，我忍受饥饿，疯狂运动，最终变成拥有“颜值作家”标签的那个

自己。

"胖子，即便是被别人欺负，还手的速度也比瘦子慢很多。""我不敢看他，他脸上的青春痘让我密集恐惧症犯了。""她的小眯眯眼，像一条狭长的肚脐眼。"……当类似的言语像狂风一般划过包括我在内的大多数人的脸庞时，我们本能的反应不应该是否定自己。如果改变是为了战胜这些锋利的话语，那么所谓的"变成更好的自己"其实是为了变成"在别人心目中更好的自己"。这样的努力，即便再成功，也没有那源于自我的扎实地基。

记得17岁那年，我去江苏卫视录制了一档特别有名的益智攻擂综艺节目《一站到底》，节目播出后，我因为网络舆论而自我怀疑了很久很久。即便我知道节目里很多自大的言语并非我本意，是后期剪辑让我变成一个不自量力的幼稚小孩，但是这段经历最直接的结果，是让我决定在往后的人生中隐去这段回忆。

不过幸运的是，23岁时的那个秋天，当我在遇见了那封信背后温柔的读者后，我决定接受过往所有来自他人和来自自己的评价与定义。

我联想到很多我见过的人。有我在欧洲念书时，在俱乐部里遇到的马来西亚女生，她是最闪耀的人，她自信的舞姿让人忽略了她是坐在轮椅上与大家共舞；有因为血液疾病导致天生一头白发的伦敦男孩，他是整个商学院拿过最多奖学金、发表过最多论文的人，在无数颁奖会上接受表彰的他，永远带着大方自信的微笑；有脖子上有一个胎记的台湾室友，她说她某天忽然醒悟，再也不留披肩长发试图盖住这个胎记，于是剪短了头发，向全世界展示这份上天赐予她的独一无二的礼物……

在遇见形形色色的他和她之后，我终于意识到，并非所有先天或后天的瑕疵都一定要用修正带狠狠盖住，重要的是，每一次的"接受自我"和"认同自我"其实都在为变成更好的自己投上宝贵的一票。现在的我，大方地向这个世界展示着所有属于我的历史，包括我想要删除的和我想要更改的。因为我想要从这一刻开始，学会更好地爱自己，学会给自己很多很多的爱，多过这世界上的有色眼镜，多过肩膀上的狂风。

新的人或事，都值得一试

❋ 金陵小岱

这几年很爱拍写真，尤其是在花期，总会约上熟悉的摄影师来拍上几套。我的想法也很简单，就是为了等我老了以后，拿着自己年轻时的照片四处跟人炫耀："你们看看我年轻的时候多么漂亮！"

今年在南京鸡鸣寺拍完樱花后，便下起了一场雨，樱花也随之落幕。庆幸之余，回到杭州又得惊喜：公寓旁边小公园里的樱花才刚刚绽放。我向来对短暂易逝的美好总是格外温柔，于是打开某书，开始搜索"杭州独立摄影师"。

以我约拍的经验，得先看摄影师主页上的作品，毕竟每个摄影师擅长的风格不同，只有先看作品才能达到初期的审美一致。很快，我被一张客片吸引，又去博主的主页看了一下，是我喜欢的风格。我在她神神秘秘的置顶帖中，找到了她的微信号，简单聊了几句，就约定了第二天下午拍照。

在聊完了所有拍摄细节后，她居然没有跟我要定金，只留下一个表情包：一只鸽子头顶一排字"我相信你不会鸽我"。

第二天下午，折腾了一圈后，我在附近的公交车站找到了她。我向她挥挥手，她居然一路跑过来。跑到我跟前时，她一边大口喘气，一边问我："姐姐，你喜欢自己的左脸，还是右脸？"与我想象中完全不同，她看起来更像是高中生，扎着短短的马尾，穿着白色卡通 T 恤，背着一个书包。还未等我回答，她又从书包里掏出相机，问我："姐姐，凳子和你喜欢的毛绒娃娃都带了吧？"

我说带了，放我家楼下咖啡店门口了，她这才放下心来。一起走到公园时，她看着大片的樱花林，惊呼："哇，这个地方太美了！姐姐，你居然能找到这儿！"

在她一惊一乍的赞美中，我们开始准备拍摄。拍摄前，她问我："姐姐，昨天我发给你的 B 站教人拍照的动作，你看了没？"我告诉她我有拍照经验，别担心。

随后在一个多小时的拍摄中，每当要拍她想让我拍的姿势且不好用语言描述时，她都会让我帮她拿着相机，然后给我做个示范："姐姐，你看会了吗？没会的话，我再做一次！"拍到一半时，她希望我能在樱花树下抱着自己最爱的毛绒玩具，很陶醉地把它贴在脸庞，我没忍住爆笑。她急得不行："哎呀，姐姐，你再坚持一下！"

在她一口一个"姐姐"中，我们拍完了照片。我提出请她喝杯咖啡，她也没有假客气，开心得不行："谢谢姐姐！"

我很好奇地问她，什么工作可以让她请假出来拍摄。她说她是学传播的，才读大三，学校是武汉某所名校，目前在杭州一家互联网大厂实习，现在休的假是过年值班的调休。这句话又让我吃惊了："你过年不回家，家里人不说你吗？"

"我还让我妹妹也不要回家。值班结束后，我们一起去了你们南京，南京好吃的真多啊……"

我问她接下来是不是打算留在杭州工作，谁知她自信满满地告诉我："我已经给北京某互联网大厂投了实习简历，顺利的话，五月份就要去北京啦！"

"那我以后不能找你拍照咯？"我感觉有点惋惜，毕竟重新再找一个合拍的摄影师也不容易，她回过头来看着我："姐姐，你应该多多尝试！新的人和新的东西都值得尝试！"

咖啡喝完，她要去赶地铁，而我却在咖啡店里陷入沉思。我又打开了她的主页，发现她不仅会发布约拍客片，还做了一些主题活动，如"挑战在华师随机给路人拍照""有个摄影师室友是什么体验"……

前不久，我看到她发了新的朋友圈，她正在北京某个音乐节拍摄，想来是去北京实习的事情落实了。而我，也因为她那句"新的人和新的东西都值得尝试"给了自己更多的勇气和冲劲儿。我们都还年轻，怕什么！

我不在人间凑数，我求纵情恣意

✽ 伊心

前两天打字，刚打出来"在人间"，输入法就自动提示了"凑数"，原来"我在人间凑数的日子"是个热门短语。

我不太喜欢"凑数"，更喜欢"不虚此行"。

少年求功名，埋头苦学，当时觉得晦暗单调的时光如今看来都是在萌芽生根悄悄苗壮。尽管没考至名校，但也算无愧于自己。

青年求利禄，上班下班，一个字一个字敲出来，一笔一笔存款积攒，对未来的期待也深了更多。

三十岁之后，开始"向内求"，求小小的愉悦，求心绪的舒展，求悠长的宁静。不想在人间凑数，活着已属不易，更要纵情，更要恣意。限量版的人生，但求不虚此行，春花秋月皆珍贵，你来我往都是情。上个月做手术，打乱了我一直以来对初夏的钟爱与享受。幸好在海边勉强还可以抓住初夏的尾巴，找一丝凉风习习。

看书《我在人间折花寻味》，作者写道："周一收到杉浦日向子的《一日江户人》，翻着看觉得有趣。除了画儿看着好玩，杉浦日向子的文字也有趣。书中有一节写江户时人们如何消夏，一般季节与季节之间的变换真像一首风物诗啊，写诗的人和读诗的人都可以是我们自己。

的平民，到了夏天最热的那一个月，就要休假，要度暑假，但又没钱怎么办呢？有些人就把被子拿去当掉，被子在当时平民财产家具中算贵重的物品了。过了夏天又要把被子赎回来，想想真是觉得很洒脱。怎么消夏呢？大概是每天泡澡堂，在理发店谈天说地等。到了傍晚，在门前摆上几盘棋，或是去桥上屋顶看烟花，或啃着玉米或西瓜去河堤上散步……杉浦日向子画的夏天必备道具有团扇、竹帘、牵牛花苗、风铃、蚊香，还有金鱼缸、萤火虫和冰镇瓜。"很喜欢这样的描述，充满对物候时令的感悟与珍重。

春天赏花踏青，夏天乘凉消夏，秋天登高望远，冬天枕炉听雪。日日是好日，季季有新光。我们虽然没有花火大会，但有冰啤酒、麻辣小龙虾和花生毛豆。脆生生的西瓜挖着吃，沙沙沙的声音配着甜甜凉凉的口感。白昼漫长，因而夕阳也悠长。 想到夏天，就想起老家小院。葡萄架下一口大缸，井水冰凉，顺便把西瓜也浸得冰凉。五角星花的种子随便撒在小花盆里就能发芽，花盆里插一枝竹子，软软的枝蔓就顺着竹竿爬上去了，把红彤彤的小花开在枝头。正对着院子的窗户前有一张写字桌，写完作业的午后，坐在同样凉凉的瓷砖地面上吃着桃子看闲书。 那时候读到"春天不是读书天，夏日炎炎正好眠"，觉得他写的不对，夏日难眠，漫漫长日正是读书天。每天趁着傍晚暑气减弱时蹬着自行车去市立图书馆借书，便兑换了第二天一整天的充实与快乐。

少年读书，不求深刻，但求畅怀。杂七杂八的中外小说、科幻故事，都就着夏日香气吞下了。因为这些小事，童年的夏天从不觉得热，只觉得快乐。五颜六色的冰棍，热热闹闹的夜市，无忧无虑的暑假，每一天都是回忆里的璀璨星光。

毕业之后再也没有暑假。夏天躲在空调房里，无事不外出。但入夜之后，枕着若有似无的凉风吃冰西瓜看电影也是小确幸。

朋友们爱在夏日来海边的城市纳凉，我们因而有了许多吃着麻辣小龙虾畅聊的夜晚。夏日特供的快乐，如此真实，如此肆意。

季节与季节之间的变换真像一首风物诗啊，写诗的人和读诗的人都可以是我们自己。生活也如诗，每一个注脚都可以可爱。

总之，只此一遭的人生，愿我们都尽兴，别凑数，别虚度，纵情向前，恣意开怀！

独处是一种选择，更是一种能力

❀ 艾润

选择独处的人，在找自由

《晚酌的流派》是我很喜欢的一部日剧，剧里的女主美幸是个房产中介，白天勤勤恳恳地工作，为客户寻找理想中的房源，只为能按时下班。她工作从不偷懒，到了下班点，她也不会在工位上拖延时间。

晚上是美幸一个人的独处时光，每天的晚餐是她生活中最美好且值得期待的部分。为了这顿晚餐，她每天步行回家，在下班路上消耗热量以便晚餐可以大快朵颐，也不在晚餐前吃零食以免影响食欲，并且不止一次推掉和同事们的聚餐。

美幸对待这顿晚餐非常认真且郑重，她会在早上出门前把两个啤酒杯放在冰箱里冷藏，只为晚上喝到口感好的冰啤酒。食物要怎么烹饪、摆盘，对她而言，都是有讲究的，只有如此才不辜负期盼了一整天的晚餐。

这部剧是我的日常下饭剧，看着美幸用小竹签串起肉丸、柠檬汁洒在喜欢的海鲜上，把所有的食物料理好，坐在饭桌前大口大口地喝着啤酒。不只是美幸，连我自己，仿佛都扫去了一天的疲惫。

享受一个人的独处时光，独自做饭，

独自用餐，不需要迁就别人的口味，完完全全按照自己的喜好烹饪食物，做一些具有独创性的菜肴。美幸对待独居生活的仪式感，很有感染力。

有时候，一边看着美幸吃饭，一边吃着自己的外卖时，我都会感慨，要把独处生活过得好，真的是一种能力。

我有过五年完完全全独居的时光，终于不用再为了省钱跟别人合租，也不必迁就任何人的生活习惯。下班后打开房门，踢掉鞋子，换上睡衣，先躺在沙发上发会儿呆，把白天不喜欢的事情统统从脑海里过滤掉，然后再开启喜欢的夜生活。

追剧、看书、写稿、画画、唱歌。我看完了几百集的《樱桃小丸子》，不用在意别人说我幼稚；我唱歌走调，不用担心吵到室友；我画的画很难看，但还是认真放在相框里，做房间里独特的装饰品；我写了很多稿子，有的发表了，有的没有，还是开心地写着。

毫不夸张地说，那是我人生中最自由最有创造力的时光。因为不舍得属于自己的夜生活快速过完，我还熬了不少夜。

所以每当身边有人问我：你一个人住，不无聊吗？好像真的没有很无聊。

当时租住的房子对面有一个小公园，周末的时候，总会腾出时间坐在公园里发呆。秋冬有暖阳的时候，有人在公园里弹吉他，我就坐在长椅上一首接一首地听。有孩子在公园里打羽毛球，小小的身体，捡球都费劲，还是乐此不疲。有老年舞蹈团在排练节目，阿姨们的红色舞蹈服在阳光下很耀眼。

我很迷恋那样的日常：大家各自做喜欢的事情，毫无关联，又因为在同一片阳光下，被收纳进同一个画面。

在那样子的氛围里，我好像定格在了另一个世界，不必担忧生活。

也是在那样的时刻，我想着，要有个属于自己的房子，可以居有定所，将独居的时光圈定、延长。

后来，我真的买了一个小房子，按照自己的喜好布置，拥有了小小的一面墙的书架。我在小房子里度过了非常规律的生活，甚至还在离家五百米的健身房办了年卡，偶尔会过去在跑步机上机械地跑步。

想起美幸的规律生活，一天健身房，一天练拳击，每天都要走路，爬坡，完成足够的运动。

看似恪守秩序，但又何尝不是一种松

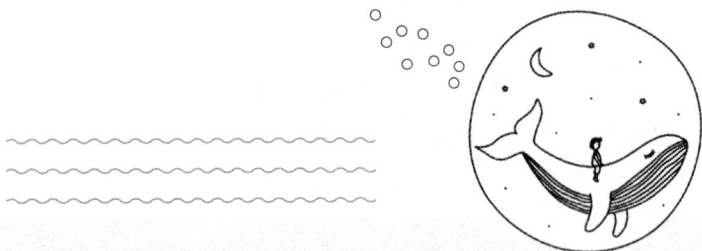

弛感。维护这种规律本身，对她而言就是保持独处快乐生活的一部分。

🌙 独处不是隔绝外界，而是走近自己

喜欢独处的人，非常能理解叔本华的那段话：只有当一个人独处的时候，他才可以完全成为他自己。谁要是不爱独处，那他就是不热爱自由，因为只有当一个人独处的时候，他才是自由的。

当然，喜欢独处并不是说把自己圈定在一个狭小的圈子里，拒绝社交。只是说，我们应该具备独自生活的能力，不要把一个人的生活想象得多么凄惨、糟糕。人本身就应该学会和自我相处，对自己而言，其他所有人都是外人。

漫长的生命周期里，必定是有一些时日需要独自一个人生活的。如果在没办法拥有亲密关系的阶段，又不能够接受独自生活，往往会把自己搞得一团糟。

去参加一个读书分享会，嘉宾是我喜欢多年的一个女作家。读者提问环节，有个女孩子谈到自己的苦恼，想做一个茶艺师，可是爸妈反对，无奈大学毕业后只好做了销售。因为不爱现在的工作，所以不求上进，时常和朋友一起喝酒喝到醉醺醺。再加上独自一个人居住，没有恋爱可谈，醉酒后回到家，总觉得很焦虑，很委屈，也很孤独。

女作家回答她，既然喜欢，为何不能尝试把它当作自己的副业呢？与其和朋友一起喝酒喝到醉醺醺，何不煮茶给朋友喝，在这个过程中逐渐去实现自己的理想呢？也许你往前走，试着跟自己相处，就能打破你的孤独感呢？

正是我心里所想。

当你控制不住自己的生活，孤单就会潜伏进来，一遍遍提醒你过得有多糟糕，以至于最后你可能真的会过得很糟糕。届时，你又忍不住埋怨生活、追问现实，如此恶性循环，逝去的只有时间。

没从中得到，逝去的时候连惋惜都把握不好姿态，留下更多的是哀怨，感慨生活好孤单。

但独处不应该是孤单的近义词。选择独处，也不是隔绝外界，只是给你一段时间，走近自己，哪怕走在喧哗的大街上，也能听到自己的内心世界。

这个时候，你不必是父母的孩子、公司的员工，脱离了一切社会人的身份，完完全全和自己对话，可以开心，也可以悲痛，没有外界的目光，没有多余的看法。

这种体验，并不是任何时候都能拥有。

一个人的日子，虽然有时候会有些孤单，但无人打扰的空间，才可以做可爱的事情，创造生活的千姿百态。

勇敢的人
先享受世界

舌尖藏着烟火气的诗篇，
每一口都是滚烫人生的注脚。

甜点对女生来说，是缓和剂，是镇定剂，是可靠的肩膀，是抚慰，更是爱。

姑娘，
吃点甜吧

❋ 小云猫猫

（选自《在美好的食光里记住爱》）

闺密是个身段儿好脾气也好的女孩儿，长头发，说话细声细气，会做各种手工。读书那会儿流行用圆珠笔芯和废纸卷笔，她做的笔耐写又好看。她任何时候都收拾得妥妥帖帖，书本永远平整，不打卷边，课桌总收得干干净净。最令我羡慕的是，她特别爱吃甜，过生日大家一哄而上各自吃着蛋糕，她在一旁叫唤："你们谁要是吃不下奶油，统统都给我。"有人说："哎呀，哪有女生不吃奶油的？"只有我，犹犹豫豫地走过去："来来来，我的给你。"

这时候会有人诧异："呵，还真有人不吃奶油呢。"

打小我就不爱吃甜。最多尝尝小时候才有的用粉色纸包裹着的水果糖，一角钱一颗，一抓黏一手的那种。渐大，几乎与甜绝缘，一年中肯吃甜的次数十个手指头数得清。总觉得甜味太单一，即使有薄荷味、草莓味、抹茶味，但底味还是甜，发腻，发齁。牙齿像被粘住一样，迷糊糊，汗津津的。大约也是从那时候起，觉得自己似乎缺乏那么一点点女生特质。

女生，尤其是柔和苗条、细眉细眼、肤白貌美的女生，就该爱吃甜。白的、粉的、各色奶油巧克力慕斯，又养眼又昂贵的甜点，配上有好看拉花的咖啡，外加青葱玉指，气氛就出来了。朱莉白天在格子间受气，晚上回到家用蛋黄、巧克力混合糖和奶找寻安慰；李秀景每次被欺负都会恶狠狠地撕开巧克力棒的包装纸，再恶狠狠地咔嚓咬掉半截；赫本在西班牙广场上，捧着冰激凌，一脸纯真甜蜜，成为永远的经典。不少女生专程带着自拍杆、赫本风衬衫，还有冰激凌模型去还原现场。假如把冰激凌模型换成肉夹馍或驴肉火烧、煎饼馃子，就算赫本再世，只怕女神瞬间变女汉子了。

甜点对女生来说，是缓和剂，是镇定剂，是可靠的肩膀，是抚慰，更是爱。不然怎么会说"爱她，就请她吃哈根达斯"呢？想想也是，那些难过了或者是开心了，一块甜点就能让她破涕为笑、幸福感爆棚的姑娘们，确实有几分可爱呢。尤其是恋爱伊始的男主，更乐意挽着美人，走进香氛荡漾的甜品店，看着她启朱唇，露皓齿，微抿小口，姿势优雅地吃完小盒蛋糕。而不是撸着袖子，跷着二郎腿，在夜市摊子上吆五喝六。

小资代表张爱玲有她的御用点心——云片糕，做梦都在吃。不过"吃着吃着，薄薄的糕变成了纸，除了涩，还感到一种难堪的怅惘"。云片糕，连名字都这么美，连惆怅也这么美。《红楼梦》里的甜点也是数不胜数，桂花糖蒸新栗粉糕、藕粉桂花糖糕、枣泥山药糕、糖蒸酥酪，还有如意糕、杏仁茶，只看一排儿的名字就够了，"头顶心儿都是甜的"。就像与甜有关的任何一个词语一样，甜言蜜语、甜丝丝、甜美、清甜、甘甜、甜润、甜津津，哪一个不透着软绵绵的幸福感。就像美好单纯的姑娘一样，光是"姑娘"两个字，就有无限爱意。

可是怎么办呢？对于我这种对甜天生无感的人（我都不好意思用"女生"这个词了），去哪里找寻与甜有关的幸福感呢？偶尔心血来潮，阳台天色好，窗台花香浓，有风过，想着酌点小酒，来块甜点定是极好。穿衣下楼，挑最貌美的糕点带回家，结果往往是拍几张照片，最多吃两三口，然后不了了之。简直就是暴殄天物。随即打开冰箱门，就着"黄飞鸿"花生能喝完剩下的二两酒。只是前后两样食物带来的气场完全不一样了，一个是小资女青年，一个是江湖女悍匪。

刚恋爱那会儿，还是很矜持的。男友送我巧克力，我表现得惊喜不已。又直又憨的理科男误以为这惊喜是缘于我对巧克力的喜爱。结果每年情人节、七夕，都会送大盒巧克力。隔段时间还不忘问巧克力吃完了吗。敷衍几次之后不好再演下去，只好如实相告："我不爱吃甜。"只是可惜了那些没有死得其所的巧克力，没有发挥它们甜蜜的功效。

于我而言，再美味的甜抵不过酱爆红肠，再美味的糕点不如炒饭一碗。当我在一个人面前，能不用刻意吃甜来展现女生特质，愿意穿着沙滩裤，跶着拖鞋，陪他啃鸡爪、吃烤串儿，也是一种甜呢。

做好了的时候，锅碗瓢盆是热闹的，心里是安静的。只有母女两个人，也不会寂寞。

旧食物的
温度

✳ 沈嘉柯 ● ● ●

多年之后，小栎自己按下计时器，开始在厨房里忙碌。

遥远的童年时代，六岁的小栎穿过的古老的巷子，现在那里变成了小小的桥。石头桥边就是她的家。

每天黄昏的时候，左邻右舍的厨房，传出来诱人的香味。只有自己家，寂静得不像话。父亲远在外地工作，母亲常常加班晚归。放学步行回家的小栎就这样坐在门口的台阶上，傻傻等着，饿着肚子，吞着口水。其实家里有泡面，但她厌倦了面条的气味。

那年冬天，某一次提前回家的母亲，

看见坐在台阶上的小栎，摸了下她的脑袋，说，今天咱们做好吃的。母亲快速地移动到厨房，从口袋掏出切好的小块排骨，那是她回家路上，在菜市场精挑细选，用油纸包包好，外面再套了一个塑料袋，带回家的。

然后呢，母亲又把院子里面堆放的一堆乌黑泥物扒开，取出一根长长的东西来。用清水洗干净，那东西就露出雪白的莲藕本色。一半斩掉黑色的藕节，切成大块，再分解为小块的藕丁。

当另外一半的藕还在被切成薄薄的藕片的时候，热水已经在蒸汽锅中滚滚沸腾。

小栎母亲开始用那些小块的藕，均匀搅拌上蒸菜专用的米粉，加一点盐和香料。对了，还有最重要的秘诀，这要在末尾加上。

青翠碧绿的茼蒿切碎之后，同样拌上米粉。冬寒训练过的红皮萝卜，切成细细的丝，也拌上米粉。蒸汽锅的笼屉上，母亲开始铺放这些食物材料，细心得像在处理一件工艺品。

一层萝卜丝，一层茼蒿，一层藕丁，颜色好看得异常养眼，母亲盖上盖子。藕丁之上，另外加上一勺雪白的猪油，稍微搅拌。这个时候加进去的猪油会在热度作用下，顺着三层食材渗透下去，这样食物容易熟，还会糯滑顺口。

与此同时，那些切得透明晶莹的藕片，两片一夹裹住了切好的葱花肉末，被小栎母亲逐一放进调好的面糊里面。面糊里还加了一点儿鸡蛋、一点儿盐、一点儿胡椒粉。

蒸汽锅冒着白色热气，另外一边油锅已经热了。

那些夹住了肉末的藕片，在油锅里冒着气泡，散发出奇异的香味，炸到金黄色，小栎已经眼馋得不行了。这就是藕夹。

看似复杂，但心灵手巧的家庭主妇，半小时多一点，就整治出上了中国百大名菜之一的蒸菜。但是对于小栎来说，重要的是，放学回家，孤单寂寞的童年，这是最温暖的记忆。

最后，圆桌上摆出了两道菜。红红绿绿粉嫩的蒸菜，三样拼放在一个大盘子里。酥脆的藕夹，咬一口满满的鲜美，小栎根本就等不及拿筷子，直接伸手抓起一个，

龇牙咧嘴吹着气，吃掉一个。母亲半是阻拦半是心疼："喂喂，死丫头，你给我慢点吃，别烫着了。"

小时候的小栎，一边看着母亲手脚麻利烹煮食物，一边看着屋子里的墙壁上的壁钟，默默在心里计算着什么时候能够吃得到。小栎清晰准确地记住了，灵巧敏捷的母亲那次花了三十七分钟。她吃得很饱，夜里打了好一会儿嗝。

结婚以后的小栎，提起来家乡的菜色，决定做给家人吃。第一次试着做，失败了。再做，又失败了。做到第三次的时候，有些不耐烦了。嗨，老公早就等着开饭，看着烧焦的藕夹，寡淡无味的蒸菜，碗筷一推，黑着脸叫："出去吃！"

不吃就不吃呀，这年代谁说女人一定要在家做饭带孩子，还非得做得好吃？小栎一样要出去上班，一样要辛苦。既然这样那就不如一起出去吃吧！

对了，这个时候，没多少人叫她小栎了。同事、朋友和老公都直接叫她的名字，李栎。小孩子永远只会叫妈妈。

有那么一些时候，李栎心中也会有那么一点遗憾：为什么没能继承妈妈的好手艺呢！于是她自我总结和安慰，大概自己真的没有做菜的天分。

小孩子七岁的时候李栎离婚了。在大学里面当硕士生导师的老公，跟一个年轻的女学生好了。签离婚协议的时候，老公放弃了房子，并且承诺要赡养她的父母，承担养育孩子所需要的一切费用。

好像昨日还坐在家门口的台阶上，转眼之间，长大了。在外地念大学，谈恋爱，

大城市结婚生活。眨眼之间有了小孩，再一眨眼，又恢复了自由之身。在李栎的经历中，相爱带来快乐，挫败带来愤怒，告别带来眼泪，成长带来坚强。

父母的一生匆匆忙忙，也发生了不少变故：一个早早离世，一个记忆衰减。喜欢抽烟的父亲因患肺癌走了；六十多岁的母亲，有时候会忘记她的名字，五年后，也去世了。

女儿十一岁的这年，她忽然心血来潮，买好了新鲜的蔬菜，新鲜的萝卜和莲藕，还有新鲜的肉，以及各种作料。

这一次她成功了，用时共计五十五分钟。虽然效率不如母亲，但味道总算赶上了。她尝过以后，还有点不敢相信。

藕片要厚薄适度，切的时候要专心。肉末要照着均匀沾上淀粉才会充分地舒展柔嫩。茼蒿不能切太细，因为上锅的时候会缩水。至于猪油那一勺是绝对不能少的！现在时间充分准备足够，还加上了磨碎的芝麻粉。

做好了的时候，锅碗瓢盆是热闹的，心里是安静的。只有母女两个人，也不会寂寞。其实吧，现在的孩子人小鬼大，一直嚷嚷着让她再找一个对象。当然了，得是一个看得顺眼的大叔，逗得她哭笑不得。李栎嘿嘿一笑："我要是再找男的，肯定得让你过目把关。不过，还是等你考上大学吧。"

"哼，我看你是想单独享受二人世界，不想旁边存在电灯泡吧。做得这么好吃，以前干吗不做给我吃？"

李栎无言以对，只是微笑。她本来想告诉孩子，是跟着孩子的外婆学的。但其实，她也没有认真学，只能算是旁观过。很多女孩子并不是生来就会做饭，也不是生来就是一个杰出的厨娘。做菜有很多秘诀，但有一个秘诀，是共同的。为了你所爱的人做菜，静静地熟能生巧。

餐厅的菜很好吃，真的。但是大家念念不忘的还是妈妈做的菜，那是另外一种与众不同的好吃。

如果换成自己的母亲重新来做，也许是另外一种好吃，也许孩子根本就不喜欢从前大人的口味。谁知道呢！其实母亲的拿手菜很多，远不止这两样，但也有人在长大以后，重新吃到妈妈做的菜，觉得难以下咽，大概这种人已经忘却本来的初心。世界上有千百种爱，就有千百种口味。

看着孩子吃得格外香，她胸口涌出喜乐和淡淡的哀伤。这很奇怪，但又合情合理。

人生中那些琐碎寻常的画面，闪着微光。李栎所不能释怀的是，亲人和逝去的天真青春，都无法重来。眼前这个脸孔类似幼年自己的女孩子，瞪着天真的眼睛凝望质问："妈，怎么发呆？你也吃啊！"

"嗯"一声后，她也吃起来，"只有红皮萝卜才能这么晶莹甘甜，只有最新鲜的茼蒿才能闻着清香入口柔软，只有火候足够的粉蒸藕才会软糯浓郁。"

如今，李栎觉得一切是否饱足，都取决于自己的心：有亲爱的孩子，也爱惜自己。哪怕外面气候寒冷，但家里暖和安逸，还有一盏暖黄色的灯。冬天的蒸菜，是一个人心中永远需要的、温热的爱。

少年在饮食中交际、挖掘、体谅、怀念，这大概是某种历程的缩影。

十七岁
食事

❋ 段雨辰

高二刚分到新班级，我仍经常沉浸在旧的关系网络中，在一种"举目无亲"的悲凉中无法自拔，幸运和快乐都微乎其微，更多的是一种手忙脚乱的不知所措感。熬过一周，失魂落魄地在学校对面的小店买炸鸡排，又想起英语课上做的有关"emotional eating"（情绪化进食）的阅读理解，我叹了一口气。店主问我："要什么味道的炸鸡？"我小声说："要甘梅和黑胡椒味。"店主又问排在我后面的同学，一个熟悉的女孩子的声音对店主说："和她一样。"

我一扭头，看见我的同桌正一脸灿烂地冲我微笑，向我摆着手。我也冲她微微一笑，像上课时扭头和她对视一样。

食物是打破人们交往壁垒的渠道，十六七岁，正是胃口极好、很容易饿的年纪，"我好饿"，大概是每天说得最多的一句话，所以大家都会带很多吃的来学校，然后在同学间全部分掉，没人真正在乎自己最后留下多少。分享的过程确实带给人一种巨大的满足感，大家一起拿起小圆饼干，像模像样地碰在一起说"干杯"，然后塞到嘴巴里。这种活动偶尔也在上课的时候进行，老师一转过身开始写板书，大家鼓鼓的腮帮子就开始蠕动，有时候塞进嘴里的是巧克力饼干，一笑，牙齿都是黑的。

我在教室后面的小花盆里种下绿豆，在它们长出了矮矮的小苗后，每次我去浇水，都有人问我："能吃吗？""能吃了吗？"

真应该把那些真挚可爱的面容画下来。

我的前桌崇拜一个日本漫画家，她常把那个画家的书带来给我们看，全是关于食物的，很能治愈心灵，看完后心情可以立马变好。她说自己是一个感性的人，最容易被食物所蕴含的人情打动。

其实不光她如此，图书架上，那些对食物描写有格外兴致的作家显然是更受欢迎的，所以他们的文集——但凡有关于吃的内容的章节，总是磨损得更快，而这些对食物有着非凡热情的作家们，似乎也因此变得可爱了起来。

比如读《雅舍谈吃》。我看到尽兴处会满心欢喜，招呼前后左右的人，一起分享一种穿透文字的心理饥饿感。

"看这儿！看这儿！"有人指着被标记的段落，三四个脑袋凑到一起完成一次兴致盎然又庄严肃穆的默读，想象中的味道唤醒味蕾，然后在不言中，仿佛能听见响亮的吞咽口水的声音。食物带来的分享交流的欲望逐渐接近饱和点。

哗——开始了！某人开始带头分享自己尝过的某种食物的体验，或分享自己的看法或见解。

"我去广西玩的时候吃过这个！"

"羊肉太膻了。""我觉得还好啊！"

"我想吃拔丝红薯……"

"我也想……"

但谈论最多的永远是那些似乎已经失传的手艺，紫薯焖肉、金华火腿烧墨鱼片……我们努力想象不同的食材通过不同的组合和做法所呈现的口感，这不是一件容易的事。汪曾祺对这种失传总是遗憾怅惘，可我好羡慕他。食物是有时效性的，它们最后变成一小部分人的独家记忆。它们的全部信息也像被压在玻璃夹片中的标本一样，变成薄薄的念想。

所有的食物都会过期，可是吃到它们的时候，你可以假装安慰

自己给了它们永恒。

我刚刚开始留心食物华美外表的陷阱。"刚刚开始"意味着在这件事上的意志力和执行力还很薄弱。对食物，尤其是对高糖高脂的食品，总是欲拒还迎，可是一想到金黄薄脆的薯片塞到嘴里咀嚼时的炸裂声和脂肪颗粒在舌头上喷薄而出的感觉，想到一抿嘴就几乎化掉的半熟芝士的奶香气息在口腔里荡气回肠的感觉，我就意乱情迷。

吃是一件快乐且任性的事情，代表着一种率真和孩子气，可好像也只有在某一年龄段才能真正肆无忌惮地食你所想、食你所爱。一些明星被讽刺卖"吃货人设"，也是如此。

"多大的人了，你不管理自己吗？明明在努力保持身材，还要所有人都以为这是天生吃不胖的瘦人体质，这不是拉仇恨吗？"

可事实上，人类对食物的热情确实是无限高涨的，只是随着认识的提升和对自己愈发严格的要求，才知道有些放肆和不修边幅是不对的，是对自己不利的。于是开始学习在控制中经营自己，压抑——至少是暂时压抑口腹之欲。

我姐姐就属于那种十分自律的人，她有规律的作息时间，清晰的课程安排和严格的饮食限制。奶茶店开在健身房楼下，她从来都是目不斜视地径直走过。只有一次她走了进去，那是在她完成把体脂率降到15%以下的目标时，给自己的小小奖励。她犹豫了很久，终于小声点了一杯乌龙奶盖，不加奶盖。我和店员都愣在那里，面面相觑。

我小时候挑食，不吃的食物能列出一张长长的清单。那时候，我对食物的鉴赏很单纯，不会去考虑它的营养价值、昂贵价格和深藏背后的人文底蕴。只要好吃，就深得我心。

长大后，那些我不吃的东西确实变少了，原因很多，但我更多地把它归于"第二味觉"的发育，带给我体验食物口感的无限可能性，尽量多去尝试，不能过于执着于自己原来的喜恶。

少年在饮食中交际、挖掘、体谅、怀念，这大概是某种历程的缩影。比如我的热爱、选择与权衡。我还有好胃口，还可以在回家的前一天给妈妈打电话，告诉她明天中午我想吃板栗鸡块。我还有成长的能力和食物支撑下的努力方向，这就让我对一切食物的热爱都有了可以被原谅的理由。

世界上没有不好吃的虎皮青椒，在每一次青椒可以担纲主演的机会里，它从未失败过。

你可曾想过一只青椒的寂寥？

✽ 和菜头

百度知道上有一个问题：想做虎皮青椒，请问虎皮去哪里买？

问这个问题的人，你可曾想过一只青椒的寂寥？想它枯荣只在一岁之间，短暂的草本植物。想它曾在露水中幻想明天，在蟋蟀的鸣叫中入睡，却被拽下枝条，扔进柳条编的筐子，送到陌生的菜市场。一双大手粗暴地抓起它来，随意扔到斑驳肮脏的秤盘里，于极轻慢的语气里被倒进廉价的塑料袋。在厨房的角落里被遗忘，在冰箱的黑暗中受尽冷遇。等待最后的那一天到来，人们甚至不肯提及它的名字，因为它不过是配菜。

它在沙拉里跑过龙套，在比萨中扮演路人甲，最惨的是青椒炒肉了——它越是努力，人们骂得也就越是厉害，说这是肉炒青椒。毫无疑问，换了任何人躺在盘子里，也能从这个名字里听出明显的恶意和嘲讽。不错，这就是一只青椒，一个死跑龙套的，一个永远的餐桌配角。

如果你不明白这份寂寥，那么你也永远不能理解一位万年配角的心情。你知道人们把最慷慨的掌声献给最佳男主角、最佳导演，却半心半意地晃动手腕，希望最佳男配角的部分快点过去，甚至悻然切换成广告，站在舞台上会是怎样

的一种心酸和苍凉？你不知道，所以，你不知道一份虎皮青椒对于一只青椒意味着什么。

对于一只青椒来说，能够出演一部虎皮青椒，意味着一生中至高无上的荣誉。哪怕这道菜永远只能在普通餐馆那样的院线上映，它也是当仁不让的主角。这一次，人们不再在意它是否榨出了丰美的汁液，甚至无须它继续展示翠绿的外形，更不会无视它的存在而讨论其他。人们眼里心里只有它，只有青椒，最多会要求来一点点醋，以消解它火热的激情。这一次，它不再是无名的"那个"，请叫出它的名字青椒，请大声叫出它的全名：虎皮青椒。因为，它是主演！除了青椒之外，再没有别的东西存在。那是它的舞台，那是它的时刻，它就是世界之王！

你觉得一只青椒会在意去哪里买虎皮这种无聊问题吗？不，它像一个真正的大腕那样保持着矜持的沉默。而把这种解释性工作留给经纪人，也就是我，对公众作出解答。

许多人，这世界有许多人，居然会想到虎皮青椒放糖的点子。你会在吃鱼翅的时候放咖喱吗？你会在吃三文鱼的时候蘸白糖吗？他们甚至都不知道，做虎皮青椒最正宗的是用尖椒，而不是猥琐的灯笼辣，甚至是恶俗的柿子椒。柿子椒什么时候也敢称自己是辣椒了？记住了：它是水果！灯笼辣几时也敢穿虎皮了？看看它的身材相貌，武大郎也能穿虎皮裙吗？

唯有尖椒，才拥有流线型的身材和炽热的内心。在热油中忍受烙伤，带着一身老虎斑纹的刺青被端上桌子。盐味、酱油味和焦煳味混合，浑然天成辣椒的香味。用来开胃，用来下饭，再合适不过。如果再加上一点点醋，味道的丰富程度和一位老水手的一生相差无几。用虎皮青椒下饭，许多人吃到热泪盈眶。即便是在北京这样大而无当、人情冷漠的残酷所在，一份虎皮青椒也能让我们想起小镇里的童年，想起世间儿女，呼灯篱落，想起妈妈叫我们回家吃饭。想起爸爸用两手攀着上面，两脚再向上缩；他肥胖的身子向左微倾，显出努力的样子。青椒在流光中用自己生命的汁液在歌唱，它在塑料盘子里歌唱，在铁皮盘子里歌唱，在豁了边的白瓷盘子里歌唱。民工听过，市民听过，白领也听过。

世界上没有不好吃的虎皮青椒，在每一次青椒可以担纲主演的机会里，它从未失败过。

我最中意的味道，是米饭的叹气。

声音是有味道的

✿ 张佳玮

人会赖床，大半是因为舍不得温暖的、柔软的、不需思考的、自由自在的、想怎么打滚撒赖都没人管的被窝，不愿意到外面那偏冷、麻烦、必须直立行走、衣饰鲜明、规行矩步的世界。再悦耳的闹铃，久了都会腻：闹铃声是现实世界的"催命符"。

所以唤人起床，得找个美妙声音来加以诱惑。最好的起床铃声，依我所见，是这样的：

土豆牛肉汤被炖到闷闷的"咕嘟咕嘟"声。烧肉酱被煎时的"刺啦啦"声。油条在油锅里膨胀的"滋呖呖"声。炒饭、虾仁和蛋花在锅里翻腾的"沙啦啦"声。甜酒倒在杯子里的"颠儿颠儿趸趸"声。嚼碎蒜香肝酱脆面包的"喀刺刺"声。

这些声音听久了，人会忍不住一骨碌翻身起来。

声音是有味道的。

英国国菜，众所周知是鱼和薯条（fish and chips）。但英式英语里另有个好词：脆土豆片儿，叫作 crisps，着实形象。chips，那就是一口下去；crisps，简直带出薯片在嘴里"嘶啦咔嚓"响亮爽脆的动静。

晚上您饿了，出门吃烤串。您点好了单，找地方坐下，听肉串在火上嗞嗞作响，不敢多看；不然看着肉慢悠悠在火间变色，不免百爪挠心坐立不安，几番按捺不住，就想起身去监督摊主：别烤老了！我就爱这么嫩的！快快，快给我！——就差伸手去火里，把烤串给抢出来了。

烤得了肉串，撒孜然，端上桌来，还有"滋呖呖沙沙"声。这时候须得要冰啤酒，酒倒进杯里，泡沫"咻咻"地雪涌而出：这一下，感觉才对了。

油炸火烤的声音，听起来格外香。裹好面糊的炸鸡炸虾下锅，先是"滋哩滋哩"油跳声，再是"嘶嘶啦啦"油炸声，好听。

我故乡的菜市场，油炸经典小食品三样：一是刚揉成还白嫩清新、一进锅就黄焦酥脆起来、吃一口就"嘶"叹一口气的萝卜丝饼；二是油光水滑，揉长了扔油锅里慢慢饱胀、脆香可口的油条；三是下了油锅就发硬变脆的油馓子，最是下锅"嘶啦"，咬来"刺嚓"的好听，您在一边看人吃，听这声音，自己都会馋。

陕西朋友听我说这个，便夸一声自家的油泼辣子面：最后那一勺滚油，"刺啦"一声浇在面上，香气还没被逼出来，氛围已经在了。

炒过东西的都知道，热油遇到水，会

有非常响亮明快的"沙啦"声。比如您竖耳朵，听厨房炒回锅肉，之前叮叮笃笃的刀击砧板声，总不过瘾；非得"沙啦"响一声，那就是肉片儿下锅炒起来啦，马上就要呈现灯笼盏旋涡状啦，等"滋滋"出完了油，就是豆瓣酱们爆香的天下啦！您快要闻见一路穿房过屋、钻门出户的香味啦——总之，那一记"沙啦"声，最是让人心花怒放。

好蛋炒饭需要用隔夜饭，天下皆知。油分量得对，葱花儿得爆得透，都是小节。正经葱花蛋炒饭，葱叶儿"滋滋"响，蛋落锅膛，隔夜干饭下去，必有动静：如果炒不响，整碗蛋炒饭都软塌塌的没精打采，吃的人也不免垂头丧气；炒到乒乓作响，"噼里啪啦"，整碗饭就有劲道，吃得也神旺气足。

大锅炖鸡汤，声音温柔得多。小火慢熬，你每次走过去看，就只能听见锅肚子里"咕嘟咕嘟"，温柔敦厚的冒泡儿声，于是想见其中皮酥肉烂、漾融在油润微黄的鸡汤里的食物，真让人沉不住气。每次喝鸡汤，总是忍不住来回走几趟，可是鸡汤稳若泰山，就是"咕嘟咕嘟、咕嘟咕嘟"……慢慢悠悠，香味勾人。

咖喱土豆炖鸡时，咖喱粉融的酱，混着炖得半融的土豆淀粉，会发出一种"扑扑波波"的响声，比普通水煮声钝得多。这简直就是提醒你：我们这汁可浓啦，味可厚啦，一定会挂碗黏筷，你可要小心哪……

同样，喜欢德国炖酸菜、摩洛哥塔吉锅、地中海沿岸鹰嘴豆烩肉、普罗旺斯炖菜的，听见那些锅里叽里咕噜炖汁冒泡的声音，一定会忍不住探头看两眼。

液体也有声音。啤酒泡沫雪涌时会"咻"的一声。可口可乐遇到冰也会先"咻"一下，然后就是"滋哩哩"泡沫声。喝冰果汁不如冰可口可乐酣畅淋漓，就是少了这一声。如果您爱吃瑞士干酪锅，一定会觉得，锅底干酪"咕嘟咕嘟"冒泡时是美妙的开始，冷却凝结后焦脆香浓的干酪被从锅底挑起来时的"刮刺刮刺"声是美丽的结束。

好的西瓜和笋，一刀下去，会很主动地"夸"一声，裂开了。这一声"夸"饱满而脆，听声音就能想见刀下物的脆声。

好的萝卜切起来，落刀声音脆，"嚓"的一声，但往下手感会略钝，质感均匀，一刀到底，很轻的一声"咔"。太脆了就不好：吃着太水。

五花肉煮得了，刀切上去会觉得弹，切上肥肉时，手感很软韧沉；到瘦肉时会爽脆：说明煮透了，不软绵绵跟你较劲。

冬天吃脂膏冻上的白切羊肉，入口即化，酥融好吃，吃多了之后，听见切羊肉的"些些"声，也会觉得好听得要命，配上酒颠颠儿往酒杯里倒的声音，这就完美了。

我最中意的味道，是米饭的叹气。您揭开锅，扑簌簌一阵淡而饱满的香气腾完，会听见米饭带出一声极轻的"浮"，像叹气似的。那时就知道：米饭香软得宜，再加点切咸菜的"喀刺"声、炒花生的"噼啪"声、炖红烧肉的"咕噜噜"声、炒黄豆芽的"浙沥沥"声，这就是一桌好饭了。

它是一定会开花的。不快也不慢，在该开的时候，就会开花了。

水仙

❀ 枨不戒 ● ● ●

说起来好笑，上大学以前，我都没有见过真正的水仙花。但水仙花的样子我是早就知道的，家里有卷《芥子园画谱》残本，被我当作宝贝，平常临摹学画。除了梅花，画得最多的就是兰花和水仙花。水仙花的叶子可以按照兰花叶子的画法画，但是花画起来比兰花复杂，要把花心那个小小的金盏画出来。没钱买颜料的时候，我就用墨水画，淡墨画花瓣，浓墨画花心，囫囵把特征画全了，总要叫人一眼认出来这是什么。乡下人看画，第一点就是要像；第二点还是要像，不像，就是画得不好；第三点，就是喜欢点儿风雅之气。

香港回归那一年，学校为了庆祝，举办了以"回归"为主题的书画比赛。几个参赛的同学画的都是公鸡、白菜这类初学者最容易画的。结果出来后，第一名画的是红梅图，第二名画的是紫藤花，第三名就是我，画的是一只母鸡带着一只出壳小鸡，旁边还卧着两枚鸡蛋。老实说，第一名和第二名的画技一般，只是题材上是乡下见不到的名贵花草，沾了风雅的光；颜料选择上也花了大价钱，占了颜色鲜亮的便宜。我能靠母鸡图获得第三名，不过是因为寓意好。我拿到奖状后肠子都悔青了，

早知道不用贴题，画一幅凌波仙子送上去，不比他们的大红大紫更为新鲜雅致？

乡村里常见的花卉只有野花野草和菜花树花，小如米粒的婆婆纳，扫帚头一般的大蓟、小蓟，花瓣轻薄的桃花、李花……看一圈下来就属油菜花最为亮眼。可惜这些花都没有香味，也没有清雅的寓意。香花也有，春天的金银花、夏天的栀子花、初秋的野姜花，又白又香，可惜没有名气，与十大名花相隔的距离不是一星半点。

后来家里建了新楼，父亲在后院砌了5个小花坛，从县城买来了6盆玫瑰。其中最漂亮的那盆玫瑰，沉甸甸的红色花朵足有碗口大，莎士比亚笔下浪漫的诗句终于有了实物的印证，只不过那种美是西洋风情，并不是中国的古典风韵。那时候，中学的花圃里还没有种上芍药，我只能在唐诗宋词里向往传统名花的风采，然后对着画册临摹它们被笔墨诠释后的身影。

二

有一年过春节，街上突然来了个卖水仙的小贩。叔叔过早时看到了，知道我喜欢花，第一个跑来告诉我。

"那东西看起来倒像是蒜头果子。"叔叔笑着说道。

我知道水仙是从鳞茎里发芽的。听了叔叔的话立马换鞋，急着去找那个卖花的小贩，生怕去晚了人走了。

"人家马上就过来了！"叔叔一把拉住我，说小贩正顺着街道往这边走。

我并没有得到安慰——要是小贩走到街这头儿，水仙已经卖完了怎么办？但是父亲不发话——没人出钱，也买不了水仙。叔叔最喜欢新鲜东西，他看我十分看重水仙，心里也有点儿意动，怕错过好东西，但又不肯冒险当第一个买花的人，就拉着父亲凑热闹，说是一起去看看水仙。

我这边正忐忑，小贩已经过来了。街上的喇叭里传来声音："卖水仙啰，卖水仙啰，正宗的漳州水仙——"尾音拖得长长的，远远飘过来，软绵绵的，像是歌谣一般。

我跑到路边，小贩骑着一辆三轮车，车上放着两个大大的篮子，慢吞吞地往边来。有行人从旁边经过，他就停下来亲热地兜售；每路过一处房舍，他都要伸长脖子，大声往里面叫卖，但是基本上没有人搭理他。不能吃、不能喝的水仙，在小镇缺乏商业的土壤，这个小贩若不是初出茅庐的愣头青，就是纯属过来碰把运气的。

"唉，你过来一下！"我们来到路边，

叔叔朝小贩招手。小贩立马骑过来，提着篮子下车。

我好奇地打量着篮子里的东西。果然如叔叔所说，有点儿像蒜头，球形的鳞茎不是我想象的白白的，而是裹着一层黑色的种皮，个头儿也不大，只有乒乓球大小，根部还带着干燥的泥土，整整齐齐码在篮子里。

"老板好眼光！"小贩笑嘻嘻说道，"现在买水仙，养到过年正好开花。摆在屋里，又好看又吉利。"

"真的是水仙？"父亲拿起一颗种球端详。

"那还有假？我这可是正宗的漳州水仙。"

"这水仙怎么养？"叔叔问，"就用水养？"

"它叫水仙当然是用水养。"小贩从车上拿出一个青花纹路的塑料水仙盆，放了三四颗种球在盆里，"放在这个盆里，隔两天换点儿水就行了。"

大家一脸狐疑，不相信还有不用土、不用肥的花。这时，小贩直接端着盆子到门前的水池处接了一盆自来水，向我们演示如何换水，又从地上捡了几块鹅卵石，错落有致地堆放在盆里。

"水仙最好养了，放在屋里头看着干净，等开花了，喷香。老板就买一盆呗！"

在小贩卖力的推销下，父亲和叔叔各买了一盆水仙；隔壁的邻居看到我家买了，也跟风买了一盆。小贩的生意好不容易开张，说话越发好听，不要钱的恭维话张口就来。5颗种球10元钱，塑料盆2元钱。

母亲看着茶几上这盆价值12元钱的水仙，狠狠地瞪了我一眼。我心愿得偿，也不在乎，喜滋滋地围着水仙盆转，东看看、西看看，恨不得它立马就发芽，明天就开花。照顾这盆水仙成了我在寒假里的重要工作。

给水仙换水在我手中成了一门艺术。自来水要先放置一天，换水时，把种球小心翼翼地拿出来，洗干净鹅卵石和盆，再把种球外皮的脏黏液轻轻搓掉，放回盆里，最后把鹅卵石放进去，堆放在种球之间，摆好位置。如果出了太阳，我就把水仙盆放到大门外晒太阳；若遇雨雪天，水仙盆就移到生了炭火的屋里。水仙很快长出了叶子，绿色的、肥厚的、兰叶一样的叶子，一片又一片探出头，像是田垄里发芽的蒜苗。我一心盼着自己养的水仙第一个开花，每天都要用尺子测量叶片的长度，记录它的生长速度。

三

那年冬天，我的梦里也飘着雪白的水仙花瓣。可是我的水仙没有开花。所有人买的水仙都没开花。其实早在叶子长到铅笔一般长的时候我就有过怀疑：那叶子越长越细，越长越绿，似乎不像是画里的水仙模样。但我总是心存侥幸：它也许只是还没长开，因光照不足而营养不良，因品种不同而有细微差别。等到过年，水仙的叶子已经长到40厘米，又细又长，墨绿色的叶片软塌塌的，朝四面散开倒下来，葱不像葱，蒜不像蒜。我终于认清现实——它确实不是水仙。

扔掉那盆"水仙"时，我的心连同梦一起碎了，长久以来的期盼成了一个笑话。大人们并不生气，仿佛这场骗局早在他们预料之中，只是见我认真，所以试一下看看罢了。那"水仙"到底是什么，众说纷纭，有人说是野蒜，有人说是葱头，还有人说是兰花，直到叔叔家的那盆"水仙"被移种到菜地里，夏天时，开出了鲜艳的放射状大花，大家才恍然大悟——原来是老鸦蒜！那是山里的野草，专在坟头开花，很不吉利，乡下人最忌讳这花。大人们终于愤怒起来，说碰到那小贩，一定要抓住打一顿，给他个教训。但他们不知道，多年后，这红色的老鸦蒜有了一个罗曼蒂克的新名字——曼珠沙华，象征相思与血泪、哀婉与新潮，将乡野风俗里的霉头一扫而空，成为园林造景的新宠。

大一那年，我终于买到了真正的水仙花。4颗种球，还是10元钱，青瓷的花盆，也是10元钱，花了当月生活费的十分之一，但我一点儿也不心疼。学校里没有鹅卵石，我在花盆里铺了点儿细沙来固定种球，依旧是隔天换水，但照顾得远没有第一次那么精细。但这水仙长势惊人，不到20天，我就在叶心中发现了小小的绿色花箭。一个花箭，又一个花箭，每颗种球都含着一个。每天，花箭都会长高一点儿，这个开始褪掉绿色的薄膜，柔嫩的绿色花苞颤巍巍地探出头来，最肥大的那颗种球的侧面竟然又萌发出第二个花箭……每天光是观察水仙的变化，就能让我体会到无穷的乐趣。

四

我买了一本新的速写本，画下了水仙的各种素描，不同角度，不同时间，那些流畅绵延的线条，和童年时在宣纸上渲染出的墨汁交汇在一起，10年来的向往和幻想、倾心与虚荣，在这一刻有了新的意义。它是独属于我的水仙，谁也无法夺走，谁也无法代替。

一天，半夜下起了雪。我看小说熬到凌晨才睡，刚睡着不久就被雪落的扑簌声惊醒，睁眼一看，窗外满是莹莹白雪，明晃晃地照在阳台上，一时恍惚，以为是盛夏的月光。而在雪光之中，飘荡着一股半是清寒半是馥郁的花香——我的水仙开花了，6瓣白色花瓣，花心里有小小的一圈金黄，既雅致又严谨，带着一股凛然不可侵犯的孤高气质，和国画里的形象一模一样！

我呆呆地看着花，无声地笑起来，恨不得告诉所有人：我的水仙开花了！可细细端详映着落雪的白花，不知怎的，心里又有些悲哀，仿佛自己曾在不知不觉中失去了很重要的东西。半喜半悲之中，我在浓郁的花香里漂浮起来，流向无梦的沉沉的睡眠。

又是一年冬天，又是雪天，阳台上的水仙已经长出花箭，复瓣的花苞沉甸甸的，一天比一天鼓胀，兢兢业业地为最后的盛放蓄积能量。我不知道哪一天它会开花，也不着急得到这个答案，因为你知道它是一盆真正的水仙，这就够了。

它是一定会开花的。不快也不慢，在该开的时候，就会开花了。

我们以三鲜粉丝煲为起点，慢慢地拼凑出一幅专属的校园美食地图……虽然我们发掘的美食越来越多，但五食堂的三鲜粉丝煲始终以不可撼动的地位伫立在我们的友谊里。

阿金与
三鲜粉丝煲

✱旻夕

作为一个北方人，初次去南方求学时，那座陌生的城市让我很不习惯。

我不喜欢雨天，而那个城市常常连下几星期的雨。遇上回南天时，我只能狼狈地拎着裤脚，如履薄冰地走在潮湿的走廊上。我不喜欢聒噪，而那个城市的方言既难听懂，音调也高。周末早晨楼下阿姨们最喜欢用方言聊天，离阳台最近的我常被吵得苦不堪言。

但比起饮食上的差异，以上种种都不值一提。这里是嗜辣者的乐园，对我而言却像地狱。每次在食堂点餐，我都会和师傅再三强调一点辣也不要。可用餐时，最先抵达味蕾的仍是一股呛人的辣味。我去找老板理论，他反倒很理直气壮地说："锅子常年炒辣椒，已经腌入味啦！小妹妹，这里湿气重，多吃点辣能除湿气的。"

身为一个碳水爱好者，我把最后的希望寄托在了主食上面。这里的人喜欢吃粉，不管是早饭还是午饭，卖米粉的档口都排着长长的队。拌粉、炒粉、汤粉，我尝试了个遍，含着泪承认我和这座城市结下的是只有相杀没有相爱的孽缘。

走在偌大的校园里，这些不习惯总会

从细枝末节处蹦出来，结成孤单的网，将我笼罩。

正当我以为这种孤单将成为大学四年的主基调时，阿金的出现拯救了我。

那是一个雨夜。刚出教学楼大门，细密的雨水接连落到我的头上，我懊恼地将思修课的课本顶在脑袋上，准备冒雨跑回宿舍。

正在这时，一只手拍在了我的肩膀上。

"一起走吧！"我扭头一看，发现是阿金，说话间她已经将伞挪到了我的头顶。

阿金是我在文学社团认识的朋友，我们虽然住同一栋宿舍楼，但因为专业不同，平日里基本没什么接触。

走到五食堂的拐角处，阿金邀请我一起去吃三鲜粉丝煲。那阵子我对米粉的厌恶达到了顶峰，本想着以不饿为由，快速逃离这场以食物为名的邀约。

但阿金好似猜到了我的心思，她再三向我保证绝对和我讨厌的米粉不一样。那条甬道黑漆漆的，但阿金真挚的笑容就像一盏温暖的小路灯，我鬼使神差地跟着她进了五食堂。

那是我第一次踏进五食堂，相比起一食堂的科技风，二食堂的暖色调，它显得很是破旧。再加上是晚上的缘故，一大半的档口都已经关灯打烊了，只剩几间亮着微光的档口还在营业。

阿金领着我走进大门斜对角的那个档口，向里面喊道要两碗三鲜粉丝煲。我立马在后面追加了一句："其中一碗不要辣。"

在其他几个食堂接连碰壁的我，对即将到来的那碗三鲜粉丝煲不抱一点期待。

我们寻了个稍微亮堂点的位置就座，说话间，档口的阿姨喊我们去端粉。一碗粉汤头清澈，另一碗略漂着些红油，我将清汤寡水的那一碗端到面前，用汤匙舀起一勺清汤送进嘴里，不咸不淡的滋味，温暖了我的胃，继而又温暖了我的心。

清淡的口味让我终于放心吃上一口粉丝，我又用勺子快速搅动了一下，才发现除了绿油油的青菜，还有我喜欢的火腿片和鹌鹑蛋。

自那以后，每每遇到心烦之事，我便会去五食堂点一碗三鲜粉丝煲，坐在有亮光的角落，用温热的汤水抚慰心绪。

阿金也是那个档口的常客，时不时我们就会在五食堂相遇，多次相遇后，我和阿金成了要好的朋友。

我们以三鲜粉丝煲为起点，慢慢地拼凑出一幅专属的校园美食地图……虽然我们发掘的美食越来越多，但五食堂的三鲜粉丝煲始终以不可撼动的地位伫立在我们的友谊里。无论是拿到奖学金，还是遇见心仪的男生，抑或是找到满意的实习机会，有好消息的那一方总会将庆祝的地点定在五食堂，以至于后来我们再去那个档口，煮粉的阿姨都忍不住问我们又遇到了什么好事情。

我本以为会凭借着这股好运气达成所有的心愿，谁知考研成绩让我狠狠地摔了一个跟头。我的笔试成绩，比预估的分数差了整整20分，虽然过了往年的国家线，但能不能收到心仪学校的复试通知，谁心里都没有底。

我窝在床上不吃不喝，一想到未来就

迷茫得直掉眼泪。

傍晚时分，门外突然响起了"咚咚咚"的敲门声，我下床去开门，竟是阿金拎着一碗打包好的三鲜粉丝煲来看我。她见我衣衫穿得单薄，将热乎乎的粉递给我后，便迅速关门离去。

我坐在书桌前撕开包装袋，一张卡片从袋子里掉了出来。打开卡片一看，娟秀的字迹出自阿金之手：

"这一年你辛苦了。无论结果如何，你在我心里永远都是最棒的！"

温热的粉丝煲里升腾出氤氲的雾气，它们钻进我的眼睛里，又化成眼泪顺着我的脸颊落在衣袖上。我吸溜着粉丝，喝下浓郁的汤汁，内心无比感激自己来了这座城市，认识了阿金。

一个月以后，我竟幸运收到了心仪学校的复试通知书。阿金陪我一起去面试，进考场前，她十分认真地说："回校你可得请我吃三鲜粉丝煲。"

面试时，我发挥得很好，于是后来我还和阿金在心仪学校所在的城市游玩了几天。回程的高铁上，我不出所料地收到了拟录取通知的短信。我们满怀期待地回到学校，走进五食堂，斜对角那个熟悉的档口竟然变得空空荡荡。我急切地向旁边的档口询问情况，对方只冷冷地抛下一句"不干了"，便转身回后厨忙活去了。

我的嘴角迅速耷拉了下来，阿金见我难过，立马安慰道："旧的不去新的不来，说不定未来有更好吃的东西呢！要不我们去吃点别的？"

"不一样的，你在这里等等我，我马上回来。"我怀着巨大的落空感，抛下阿金，一个人跑去了最近的超市。

速食区的货架上摆满了各种面和米线，唯独没有三鲜粉丝煲，我左右比较了一番，拿了两桶跟它略有些相似的鸭血粉丝汤。我凭着记忆中的味道，又拿了两根火腿肠、一包卤鹌鹑蛋和一包泡椒笋片。

待我返回五食堂，阿金疑惑地看着我手里拎回来的食物。

"不如今天就尝尝我做的简易版三鲜粉丝煲吧！"阿金被我的执着逗笑了，问道："你就这么喜欢三鲜粉丝煲吗？"

我郑重地冲她点了点头。五分钟后，在我期待的目光里，阿金夹起一缕粉丝尝了尝，然后冲我竖起了大拇指。

或许阿金永远都不会知道五食堂的三鲜粉丝煲档口对我意味着什么。可能多年之后，和大学有关的事情会逐渐被我淡忘，唯独这个角落会被我永远铭记，因为它让我在陌生的校园里有了温暖的寄托。而她，则是我人生长河里，只要想起就能心生欢喜的存在。

梦里，我被无数种味道包围——云朵，遥不可及的甜；草莓，猝不及防的甜；哈萨克姑娘，小酒窝的甜；星星裹着糖粉的甜……

我尝过那拉提的五百种滋味

✿ 林特特

1

夏天，我去了趟那拉提。

飞机降落在那拉提机场，舱门打开的一刹那，我就掏出了手机。同行的人笑话我："别拍了，到了景区你就会发现，机场这儿的蓝天白云根本不算什么。"我不相信，仍拍个不停。

天尽头，雪山的轮廓像神的指甲在蓝的幕布上轻轻地、随意地划过的印，云浮在上面，大朵大朵如棉花糖，我这么想着，唇齿间便真的有棉花糖甜甜的滋味显现。

一路向西。云更大朵，洁白、松软，甜的滋味也更浓。直至天色将暗，我们走进毡房，围坐在长条桌前吃晚饭时，味蕾间的甜才被更甜的滋味取代。

面前，牛羊肉切成块儿，瓜果成堆，一个个碟子垒着，其中一碟是草莓酱。

我自深红色的汁液里舀起一颗完整的草莓，送入口中，像含着少女的樱唇，猝不及防的凉和甜弥漫开来；而它瞬间又被另一种甜覆盖，是奶茶，馥郁、温润。

歌舞升平。

当地人能歌善舞，生活节奏较内地慢很多。在这里，一顿饭吃上四五个小时，再正常不过。于是，在那拉提的第一夜，我不知不觉在哈萨克姑娘即兴的舞姿中，在一杯接一杯的敬酒中，迷醉了。敬酒的姑娘扶着我，走出毡房，吹吹风。天似穹庐，银河如带，星星像裹着白砂糖粉的小雪球。姑娘微微笑着，丰润、微黑的脸上，一对小酒窝若隐若现，我忽然觉得，这就是那拉提给我的第一印象——百种滋味的甜，深深浅浅，分层、递进。

2

接下来的几天，我们都在景区。

车在路上行，路的两侧是一望无垠的草原，那情境，像是人类与自然商量，请草让出一条路来，允许我们进入。

但世界仍是它们的，是草与草更熟悉的生物的。所以，棕褐色的牛会卧在某个路口，无视我们的存在，任你呼喊、按喇叭，它自岿然不动,什么时候离开,全凭它自在。

所以,当你终于按捺不住,站在柔软、纯粹的绿上,想和远远近近大约一万只羊合影时,最近的那只也对你无动于衷,只顾咀嚼。

它们的自在、安详会感染你,让你误以为自己也不过是天地间的一只牛或羊,渴了喝水,饿了吃草。我也情不自禁地扯了根草,嚼一嚼,它在我的口腔中是咸的。

咸越来越多。

我们又遇见马。马不像牛羊那般懒散,它们总以运动的姿态出现——几十匹、上百匹,成群结队,在山间、草原,呼啸而过;奔跑时,它们四肢遒劲,线条优美,鬃毛一甩一甩的。

一些是野马,一些不是。在不是的那些中,我挑了一匹据说是汗血宝马的品种,在景区工作人员的帮助下,拎着缰绳,两腿一夹,纵横驰骋了几座山头。

烈日下,我的汗自发梢流至唇角,咸的。

马喘着粗气,肌肉一鼓一鼓,汗凝在鬃毛上。马奔跑的速度越来越快,风擦过耳朵,那种铆足劲儿往前冲马上就要自由的感觉,充斥着荷尔蒙的滋味,想象中,那味道是咸的。

当地自古流行一种游戏,称作"姑娘追",即小伙子骑马跟在中意的姑娘身边以表达爱意,而姑娘或真或假,挥舞着皮鞭抽打小伙子。

越躲越跑,越追抽得越急,人马一体。

做戏的人投入,看戏的人认真——认真呐喊,认真加油。而躁动的青春、你追我赶的爱情,哪怕只是模拟,也激发了每个人的荷尔蒙,呐喊声中,鞭影中,咸滋味更浓了。

3

在那拉提,人容易变得错乱。

分不清时间——日落最晚是二十三点,而第二天早上五点多,太阳就又升起来了。

分不清是醒还是醉——环境使然,开始是被敬酒,然后是回敬,再然后主动要酒,最后不醉不归,醉也不归。

分不清哪里可以跳舞,哪里不可以——反正山上、草地上、毡房里,随时随地有音乐,有的是用乐器现场演奏,有的是纯清唱,有的是手机播放伴奏。总之,音乐声起,好客的主人就会来一段"黑走马",你不知不觉就学会了,随时随地能加入。

太阳还没下山,人就已经有些醉了,我疑心刺眼阳光的味道和食物上孜然的辣是一味,杯中酒的辣正好拿苍茫民族歌曲的辣来下。

类似的错乱感,清醒时也一样有。

徒步活动开始,我在七座山里行进。走过一段五公里的羊肠小道,转弯处,一扭头,看见满坑满谷的野花,心中一动,竟想起在那拉提喝第一口酸奶的感觉:噢,原来是这样,在这一口、这一眼之前遇到的那些,都不对。

再蹚过七条湍急的河时,脱下鞋袜,脚面被流水冲击,脚趾蹭着鹅卵石,小心翼翼,从紧张地试探到感觉清冽、舒适,

放心前行，我竟又想起马奶子葡萄——一样的酸爽，一样的从惊异到惊喜。

而这时，再看神的指甲掐出的雪山，飘荡其上的白云，坦诚地接住它们的绿色草地，也开始有了酸的滋味——这图景像极了都市格子间里，你每天定时打开电脑看到的 Windows 开机界面，那里是终归要回去的地方。

是心酸。

在那拉提，你差点以为日出而作，日落而息，醒时唱歌，醉时跳舞，像牛羊般安详，像野马般萌动，任凭冲动生活，是人生该有的样子。但显然不是，它们只存在于那拉提。

在那拉提的最后一天，我们遇见一位搭车客。他说他是南方来的援疆干部，已经是第二次进疆了。"你知道吗？像我这样的汉子，在离开那拉提的日子里，梦到草原，会哭醒。"

我们的导游、陪同人员，都是援疆人的后代，他们和搭车客相谈甚欢。

路过一棵胡杨树，我们专门下车去看。据说这树死了千年，但依然不朽，它的枝丫仍笔直地伸向天空。其实，我早在作家张者描述建设兵团的小说《老风口》中见过它，它象征着一代代奔赴这里，扎根、深植、奉献的异乡人。

故土难离是苦，白手起家是苦，漂泊是苦，思念是苦，历史沧桑本身也是苦。

"客舍似家家似寄"，在异乡怀念故乡，又在故乡怀念异乡，更是苦。

我也是在异乡谋生活的人，好在越来越多的异乡人心甘情愿地选择留在异乡，无论是停驻的，还是流连忘返、一再回首的，都让这苦中多了些甜。我吃着最后一餐——一张藏着玫瑰花馅儿的馕，思索良久。

从那拉提坐四十分钟飞机至乌鲁木齐，再从乌鲁木齐飞回北京，一路上听着侃侃的《那拉提草原》。

此行共计十天。

我知道路上碰到的搭车客为什么哭了，因为我也梦到了草原。原来，那是之前没想象过的美好，经历了，才知道那里美得让人想哭。

梦里，我被无数种味道包围——云朵，遥不可及的甜；草莓，猝不及防的甜；哈萨克姑娘，小酒窝的甜；星星裹着糖粉的甜……牛羊腥热的呼吸传递到草上，咸；奔跑的马驮着流汗的我，咸；"姑娘追"是咸，关于青春的、荷尔蒙的，都是咸。

阳光辣，白酒辣，激昂的歌声辣，孜然撒在肉串上辣。

酸奶刷新了我对酸的认知，那味道如满坑满谷的小野花，明明寻常，却让人眼前一亮；马奶子葡萄刷新了我对酸的认识，像巩乃斯河水浸过的鹅卵石，不可描述，不能复制。

以及，辽阔土地上留下的，流连的，思念着的，各有愁滋味的，相似的你我。

它们是我遇见的那拉提——粗粝、温柔、缠绵、清新，起码有五百种滋味。

偏偏就有一种奇怪的具诱惑力的气氛，一走上这条街人就兴奋起来了，贪馋起来了。

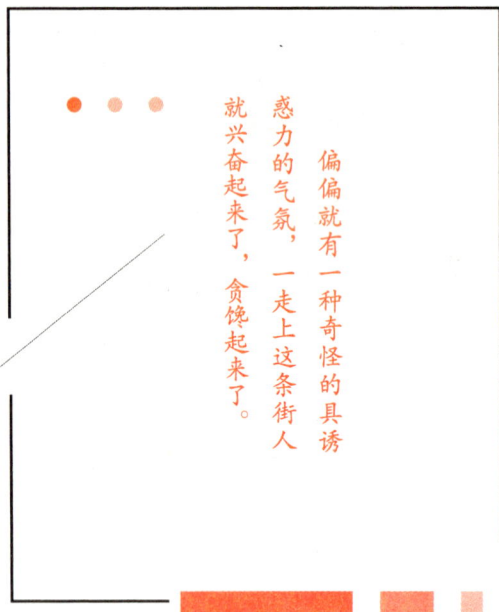

在美食
一条街上

✿ 王这么

这两年街上流行起贡茶。我最喜欢芝士海盐的款：厚厚的一层奶盖芝士，撒了海盐，底下是茶水，红茶、绿茶、乌龙、日式抹茶。吩咐去冰，少糖，然后就是待在一边等服务生调制了。

我也喜欢看年轻的服务生们干活，穿统一制服的姑娘与小子，手快脚快，在狭小的柜台里面奔走，高举满当当的茶水擦肩而过，姿态轻盈得如同舞台表演。嘴中吆喝应答：

"34 号奶绿一杯，加珍珠！"

"22 号客人的好了！"

清脆的明亮的，或浑厚的低沉的嗓音，在空气中飞旋来去，这声音简直是有色彩，有质感的。

空调总是开得很足，凉气习习，地板干净，不锈钢与玻璃器皿闪闪发亮，未拆封的牛奶盒整齐地排列在开放式橱柜上，水龙头喷涌出清亮的水流……一切都显出蓬勃的生气与秩序感。

一杯到手，打开杯盖上的吸口，嘴凑上去，杯口向下四十五度角，浓腻香甜的芝士奶盖，咸鲜轻薄的海盐，还有清爽的

茶水，一起涌入口腔，滋味是让人惊艳的。

可惜也就是那开头几口，奶盖越喝越少，海盐也没了，茶水开始唱主角。小心转动杯子的角度，试图找回最初的美好。但是仅剩的一点芝士奶盖也融化了，不甘心地拿吸管去搅和——很好，现在你手上拿着的是颜色与滋味都很混浊的半杯液体了。

一点都不觉得好喝了，又舍不得扔，只好继续捧着，街都逛得心不在焉了，过一会儿，应付地吸上一小口。终于在经过一个垃圾桶时，将杯子悄悄塞进去。

回想起来，这种体验，倒有点像年轻时谈过的那种无疾而终的恋爱。发誓不喝了，又甜，不利于减肥。下次逛街，还是忍不住去买一杯。

捧着奶茶走到街角拐弯处的时候，看到有人推着板车卖桃子。

浑圆饱满的红桃子，桃毛茸茸，逆光看像镀了一层金，十元钱四斤。虽然疑心他会扣秤，还是趋前称了一点。

卖桃的人面色黧黑，声音喑哑，一开口，喉咙里就发出奇怪的"嗬嗬"之声，好似那里装了一台抽风机，又像是武侠剧里被逼服了哑药的人，药性正开始发作。听得人很不安，就想，让他扣点秤也没什么吧！当然主要还是因为便宜。

旁边水果店门口陈列的樱桃大而红艳，粒粒晶亮如珠宝，我却望望而去。樱桃可不是那种随时可以捎上几斤而毫不肉痛的水果啊。

逛回来，发现卖桃子的人连同他的一板车桃子，已经被城管赶到街的另一边去了。他垂着头，顺天应命的样子，可是并不当真死心，逡巡着，试探着，又在那儿安顿下来。

我倒有点着急，替他去寻城管的踪迹。城管是个矮胖的中年男子，光秃的额角被太阳晒得一片红亮，此刻早已全无所谓地扬长走开了。迈着八字步，头也不回，似乎是在表示，今天的工作完成了，想要老子加班是不可能的。又似乎刚才的驱赶只是即兴而游，如《王子猷雪夜访戴》，如今已是兴尽而返。

这条街是久享盛名的美食一条街。满街的店面与小摊点，都在卖小吃。

满街的年轻的女孩子，独行的，闺密同行的，也有携带男友的——一只手握着一大把烤串或铁板鱿鱼，时不时俯首啃一口，另一只手拖住一个双眼迷茫、神色温驯的男孩子；她兴致勃勃地，忽然眼睛一亮，雀跃地呼叫一声，裙裾飞扬，从街面这边，一下子挤过人群，横穿到对面去，手里仍然拖着那个男孩子。

专注于"逛吃逛喝"的女孩子，脸上都带着一种贪婪的、专注的喜悦神情，像湿地里觅食的长腿水鸟。湿地里鱼虾贝类丰富，水汽弥漫，水珠飞溅，水声哗哗，芦苇的叶子摇摆不定，各种彩色的羽翅在叶影波光中一闪而过，各处传来高高低低音色不一的鸟鸣声。

经济学家说，一个城市有无前途，只看走在街上年轻漂亮的女孩子多不多。一条商业街的价值与命运，毫无疑问是由女孩子们决定的。这条街无疑是生命力旺盛的，虽然街道狭窄，又脏。

这条街有好多年没来了，比多年前更热闹了。

才下午四点多，一家家的食桌已经从店里延伸到街面上了，坐满嗷嗷待哺的顾客。

各种食物煎炸煮烤的香气，混合着如假包换的地沟油之味，还有一阵一阵爆炸的烘蛋糕香味——刚出炉的蛋糕，浓郁的蛋香、焦糖香、奶油香，组成甜美的迷魂阵，糖炒栗子的香气，炉烤红薯的香气，为其帮凶，席卷浩荡。揽客的姑娘们拦街一站，试吃的小杯小盏恨不得直接喂到路人嘴里。一路逛过去，再坚持健康饮食的

人也把持不住了。

所以我又在新开业的一家冷锅串串店里买了五荤五素的一把串串。

刷好红油，店家把串串全部头朝下塞进一个深的纸筒里，让你端住边走边吃。吃完以后，发现店家没给餐巾纸，只好用唯一没沾上油污的尾指去挑开挎包的盖，在包里掏纸巾，十分狼狈。

五元钱六只的生煎包，撒了芝麻与香葱，煎成蟹壳儿黄油滴滴的小包子，实在诱人。过一会儿，又看见一家卖生煎包的，为了对比哪家好吃，又买了五元钱的。都用塑料袋拎着，带回家就粥。

酸梅汤、豆浆、黑米粥之类，用深的不锈钢桶装着，一杯杯迅速地卖出去。炒酸奶、双皮奶、水果捞，板车拉着大青芒果、整只的波罗蜜，现削现卖。油炸臭豆腐、手擀凉皮、烤串、铁板烧、寿司、牛肉粉丝、重庆小面、章鱼小丸子、油茶、肉夹馍……"狗屎都有人买"，用我们家乡话形容，生意就是好到这个地步。

一种叫"虾扯蛋"的新出现的小吃，用烘蛋饼的那种带很多洞眼的烤炉，先把一只鸡蛋和面糊打进孔洞里，再头朝下往里塞一只基围虾。烘熟了以后，揪住留在外头的虾尾，把这个蛋饼整个儿扯起来，扔进一次性的软塑料碗里，浇一点红色的酱汁，放两根牙签——"好了，吃吧！"很想一试，然而排队的人实在太多。

"大爷粑粑"，很小的摊位前面，也永远排很长的队。

其实是黏稠的面糊，放了稀碎的粉丝或韭菜馅，摊成薄饼状，放在平底锅里用

很多的油煎。不知是温度太高，还是反复煎炸的原因，油面上翻起了一层白沫。

每次都想着"这能有多美味？"然后满腹狐疑地路过了。

以"美食"的标准来要求，这条街上大部分食物都不能达标。谈得上"卫生"的恐怕也不多。只是味重油大，多下调料，努力放大五味在舌尖上的刺激而已。偏偏就有一种奇怪的具诱惑力的气氛，一走上这条街人就兴奋起来了，贪馋起来了。

丰富廉价的食物，永远让人心安。搞不好我们骨子里都还遗存着祖先对于饥荒的恐惧吧。

渐黄昏，微微起了凉风，洋槐细长的落叶躺在沟渠里。四周八面人声沸腾，只有这点落叶是闹中取静。头顶上的天空，隔着摇曳的树杪，漠然地蓝着，先是瓦蓝，接着染上一点晚霞的红晕，然后迅速地转为暗蓝。

再没有比此刻更鲜明地感觉到，"我"是活在人世间了，觉得简直是一个盛世了。

另一个极有生之欢愉和充实感的地方是菜市场。

靠近环城马路有个很大的菜市场，入口处有两棵高大的洋槐，入夏前垂坠无数喷香的洁白花串，花瓣掉落一地碎雪，那时节路过，不买菜也忍不住要进去溜达一圈。

现在我去菜市场买菜的时候少了。冬天冷夏天晒，还要跟小贩斗智斗勇。向他们询价永远不能立刻得到回答，他们总微昂起头来，斜睃你一眼，然后把眼球翻上去朝着天空盘算一会儿，才神色诡秘地报出一个价格来——等着你就地还价，也很笃定，知道像这种顾客是不大会懂得还价的。

我不仅不会还价，还不会看秤，最多是软弱地威胁一句："我要到前面校秤的啊！"

"尽管校，少一钱赔一斤。"

结果到底是没有去校秤。

另一个不爱上菜市场的原因，是嫌小贩们太实诚。

对于女人的年龄，没有比菜市场的商贩更眼毒且毫不妥协的了。虽然缺斤短两，偷梁换柱，看人下菜碟，他们仍然坚持与顾客保持亲如一家的关系：

很年轻的学生模样的叫小妹，二十来岁叫美女，过了三十统一叫大姐，再长得老相一点就叫阿姨，再老，就是万分尊重的一句老人家了。男的四十岁以下统一叫大哥，四十岁以上叫师傅、老师傅，特别和气生财的会喊你大伯、大爷、老大爷！

女人对年龄敏感，到了辰光，少有不拼了老命保养的，交际场合客气话听多了，往往自以为是个"显嫩"的例外。上了菜市场，殷勤的小贩们一开口，一声大姐，一声阿姨，撕破一切外表与心灵上的画皮。

刚刚步入中年的女人，比如我，在这个时间段是最难能将息的，虽然年轻时也不美……

正因为年轻时也不美，妄想四十五岁的时候，成为小泉今日子那样迷人的女子也不可能。但是连小泉今日子在剧中也因被叫成"欧巴桑"而不爽呀。

"哪怕叫个'女士'吧，不想时时刻刻被陌生人提醒，喂，你已经老了哟！明明心理上还是很年轻的。不过，也没有办法呀，并不是人家的错……都怪这个社会对女人不公平。"

环城马路上那个很大的菜市场，入口处那两棵高大的洋槐，每到四月底五月初，无数喷香的洁白花串垂坠，人来人往……一不留神，又踩着一地碎雪似的花瓣走进去了……出来的时候拎着一盒片皮烤鸭，卷饼、葱白另装一包，还特地找老板多要了点梅酱。

"真运气，这次全程都没被叫大姐，而是一直被善解人意的老板用'喂''喂'代替了耶。"

有一家精品超市，倒是非常洋气地一律称呼先生或女士，清一色的帅哥与美女营业员，满面春风地对人笑着。

可是四根胡萝卜卖三十元钱，一把小青菜十五元，进口水果动辄一百多元钱一斤——都切了薄片放在透明罩子里请人试吃，有的确实很好吃。然而再看一眼价格标签，脚就向外绕着走了，走成蹑手蹑脚。从里到外的失败者气息都泄露出来了。真不愧是玩"豆瓣"的人，一把年纪了还能这么穷！

在试吃了多次之后，终于扛不住那甜蜜滋味的诱惑，咬牙要了一只小小的凤梨，帅气的小哥站在凤梨堆成的小山后面，银亮的小刀在手里一转——

"呃，这个好像不太熟。"毕竟是七十五元一只的凤梨。料想不到，小哥爽快地把这只扔到一边，重新切开一个。

"这个呢？"

"是不是有点熟过头了……"

银光又是一闪，如果在菜市场的话，这把小刀大概已经扎到顾客大腿上了。

"这个怎么样，这个我真心觉得不错。"小哥眯起细长的眼睛打量着切成两半的凤梨，始终是笑嘻嘻的。我简直觉得自己面目可憎了，这不就是传说中那种斤斤计较以刀难营业员为乐的超市极品大妈吗？

"这个就很好，谢谢你！"

结完账走人的时候，不知为什么心里突然又充满了干劲。不，并不是中年女性盯着帅气小哥的笑脸"吸足了阳气"的那种干劲，而是一个贫穷的自由作家（注：在我们这个时代，"自由作家"是人们对于"无业游民"的委婉称呼之一）突然想要挣钱改善生活质量的干劲。

"努力，努力！明天就要开始努力了！"脑子里不停地呐喊着，感觉头顶上都有个黄色感叹号在一闪一闪的了。

就在这种一闪一闪的状态下赶回了家，踢掉鞋子，一头扎进沙发里，边看美剧边用叉子挑起一片片甜蜜的凤梨，理直气壮地吃起来了。

人生是旷野
不是轨道

没有一朵花，从一开始就是花。

看不清未来时就比别人坚持久一点。

甜蜜的小事业

✳ 途次早行客

我在读硕士研究生之前，曾在一家蛋糕店做帮工。

老板娘是个很好的人，比我大十岁，她无论是对人还是对工作，都有一种非常能感染人的热情。她说自己"年轻的时候不懂事，混过去了"，所以知识水平实在有限，尤其是物理、化学，几乎一节课都没有上过。

但是她对工作的热情，又让她有非常强的求知欲，这也是她为什么要雇用我这个大学生当临时帮工。

她马上就给我出了一道考题："大学生，我问问你，为什么要往和面机里加冰？"

虽然那时候我正看着和面机里扭来扭去的面团，那股新鲜感还没下去，但这问题显然没什么难度："当然是为了降温。"

然而这个问题不会这么简单就结束："和面机又不是电饭煲，怎么就热了？"

我依然轻松应对："摩擦起热。"

说实话我不太清楚，她那天表现出的有点吃惊又有点兴奋的表情是不是装出来的，但后来，我真的帮助她解答了很多疑惑。

比方告诉她，冰糖、白砂糖、白绵糖、糖粉其实是一种东西。糖粉没有了的话，拿蒜臼把白绵糖研磨得细细的，也可以临时代替一下。熬糖浆的时候，用冰糖或砂糖其实区别不大。

巧克力是非晶体，所以不像食盐、冰块一样有熔点可言；"溶化""融化""熔化"并不是一回事儿；因为水在高压锅里

> 知识与好奇心不单单是应付考试的本领，更是发现和探索生活情趣的重要法宝——在很多地方发挥着很重要的作用。

沸腾产生了水蒸气，所以高压锅里的气压更高，沸点也更高，能把食物蒸煮得更酥烂；卤水是一种盐，高浓度的盐溶液可以让蛋白质胶体聚沉，所以能从豆浆里点出豆腐来……

当然，我也并不是全知全能，或者毫不犯错的。

比如，我就解释错了"焦糖是什么东西"，也并不清楚"为什么生糯米粉手感粗糙，做熟之后就变得又黏又糯"，也没法从原理上解释"土豆淀粉为什么不能代替木薯淀粉"，但最后也算是和老板娘共同学习了很多厨房里的知识。我感觉最后老板娘的物理、化学水平应该达到高中文科生的水准了。

后来我去上学，仍然能收到老板娘发来的很多消息。

比如，有时候老板娘会在微信上问我，"如果我在醋里放盐，会不会产生盐酸导致别人中毒"这种比较"高级"且不太好解释的问题。

老板娘是个非常时髦的人，流行"围炉煮茶"的那一阵子，她也在店里放了陶土材质的小火炉，烧着木炭煮茶、煮酒，烤橘子、烤柿子。我看到后会在微信上提醒她，千万注意通风换气，当心一氧化碳中毒。

后来老板娘的生意越做越大，蛋糕店成了我们那个小镇远近闻名的"网红"店。

我觉得老板娘的成功，并不仅仅是因为她的工作热情让她按部就班地完成了食品的所有制作步骤，更是因为她对知识的尊重，让她对知识永远有一种不排斥且认真求索与钻研的精神。

老板娘是一个特别爱刨根问底的人。有时候我向她解释了某些现象，她就一定要打破砂锅问到底，一定要问问"为什么"。有时候"为什么"问到最后，我真就无能为力，束手无策了。

有一次熬焦糖，老板娘看着冒泡的糖液问我："你说为什么盐水煮干了还是盐，但是糖水煮干了，就是一堆煳饹馇呢？"

"因为食盐不易分解、不易产生化学反应，而糖受热时会分解。"

"为什么糖不是熬干后再分解，而是糖稀的时候就开始变黑、变苦了？"

"因为糖开始分解的时候锅里已经没水了，蔗糖受热熔化了，所以熬糖稀熬的不是糖溶液而是蔗糖。"

"那糖分解成什么了？"

"还记得我和你说糖是碳水化合物吗？糖在高温下受热分解成碳和水了。"

117

"糖为什么会分解成碳和水？"

"这……这属于比较高深的化学知识，我还真答不上来。"

她也是一个特别喜欢实验，特别能联想的人。

有一次，她买了秋葵干，感觉非常好吃，于是买了很多秋葵，从网上搜了很多晒秋葵干、烤秋葵干的教程。她一一实验之后发现自己并不能做出那种饱满油亮，咬一口嘎嘣脆的秋葵干，反而得到一些皱皱巴巴、黑黢黢的"秋葵条"。

于是，她自然而然地开始好奇秋葵干是怎样做的。

"姐，你还记得我跟你说的高压锅是怎么回事吗？"

"记得啊，秋葵干是用高压锅烤的？"

"不是，你还记得气压越高沸点越高吗？反过来，气压越低沸点就越低，没错吧？"

"嗯，那肯定的嘛。"

"那我们举一反三，想办法降低容器的气压，让容器内水的沸点降到常温，不用加热，秋葵里的水自己就沸腾了，秋葵自然就变成秋葵干了。"

她搞懂冻干技术原理的时候，分明有一种错愕且欣喜的神情，拿着秋葵干，就开始"手之舞之，足之蹈之"地赞叹"人还能这么聪明"。

然后她脱口而出："如果我有一台这样的机器，是不是就能把糖水熬干熬出糖来了？"

我打趣她，假如年轻时她懂点事没混过去，现在说不定都能在江南大学当食品专业的博士生导师了。

她听了以后笑得很开心，半是打趣，半是惋惜地说："我这个人一不喜欢上课，二不喜欢考试，三吧，就是虽然有点好奇心，但只有三分钟的热度。你这个老师在这儿，当场给我讲了还好，要是只有我自己，那我好奇一阵子也就忘了，开个蛋糕店还行，当博导我可没那个能力。"

老板娘这话虽然有自谦的成分，但仔细想想也没错。

我记得她也说过，她绝对不会带着疑问过夜。

当然对她来说大多数情况不是"我要在睡觉前把这事儿搞明白"，而是"算了，反正也搞不明白，都快睡觉了，那就随它去吧"。

"刨根问底"和"不求甚解"两个看起来互斥的属性，在老板娘身上达到了一种微妙的平衡。

后来，我在学校为做实验、写论文、赶项目、做汇报忙碌着，老板娘也在她的蛋糕店里忙着烤蛋糕、写笔记、赶订单、打广告。

现在想想，知识与好奇心不单单是应付考试的本领，更是发现和探索生活情趣的重要法宝——在很多地方发挥着很重要的作用。

相比在实验室、在工位上伏案劳形，为论文、项目熬夜，干到头秃，老板娘在她那个装修精美的小蛋糕店里，经营着她甜蜜的小事业，听小伙子们弹吉他，为小姑娘们拍美美的照片，和接孩子放学的妈妈们有一搭没一搭地聊聊家常……未尝不是一种更简单和美妙的小幸福。

你手中的**西窗**

❋ 林特特

> 其实就是这么简单，你再低谷，你能想到的巅峰只要不是幻想，和该低谷的距离就能明确计算出来，剩下的就是怎么完成了。

辛觉发现那张纸条纯属偶然。

他在出版社做编辑，那天一上班就看到校对公司校完又返回的书稿。

翻至第74页，辛觉突然发现接下来的这张稿纸与该书稿无关，他挑出来，搁在一边，再一看，停住了。

这张A4纸的正面是某张废弃的稿子，几行铅字，剩下的是大幅的图，留白处颇多。而正是留白处隐隐渗着背面蓝黑墨水的字迹。

辛觉便翻过来看。

稿纸背面写着：

"拿到本科证，两年。"

"考研，三年。三年考不上，就读在职研。"

这是学业。

"校对，好校对，差错率努力到零。"

"拿到本科证，图书公司应聘编辑。"

"拿到硕士证,正规出版社应聘编辑。"

这是职业。

"存钱、存钱、存钱,学习、学习、学习,存够学费!"

这是经济。

"地下室怎么了? 这次租的已经有窗户了,比刚来时好多了。"

这是现阶段。

"毕业一年多,来北京也有半年了……不能总保持阴沉的心情,看到比自己小很多的姑娘们都做了那么多事,吃了那么多苦,我这又算得了什么! 这里有这么多知识要学,有那么多书可以看,改变一下吧,别让自己那么不快乐。"

这是自我激励和安慰。

"用五年改变自己。"

这是总结和计划。

辛觉先是愕然,继而会心一笑,再灵机一动,拿着这张 A4 纸,与书稿上校对的笔迹一一核对。

没错,一定是校对公司的校对写的,不小心夹在书稿里了!

如果真的是个校对,辛觉大概知道她现在的状况——大专毕业,北漂,住地下室,拿一千多元的工资,辛觉清楚那家校对公司的待遇。

辛觉再拿起纸条端详。

嗯,这姑娘看来曾"阴沉"过一段时间;现阶段最大的目标是去正规出版社当编辑——她想了那么多,写到这终于戛然停止。为了这个目标,她逐条写出接近目标的策略,从学历到转行到换工作的步骤,包括现阶段能做什么,看哪些书。

辛觉有点儿想笑,笑这姑娘要是知道这么私密的心灵计划给一个陌生人看到,该多么尴尬啊,想完,辛觉又有点儿想哭。

办公室里没有别人,他点了一支烟,想到他的纸条。

其实他很熟悉这种纸条,写在某张纸的背面,不敢或不想拿一张正式的纸,因为它太私密,只想写给自己看。

他还记得他写纸条的日子。

那时,水产大学毕业,在水族馆上班,他以为这辈子就这样完了。可他很清楚,喜欢做和文字有关的工作,于是猫在值班室看考研书,报考最著名大学的中文专业,他对自己说,别痴心妄想了,说着说着又在草稿纸上顺手写些什么,无数次顺手。

一直以来,辛觉以为这是他才知道的心理游戏。想超越现实,列出一个最想达到的目标,研究极卑微的自己和目标的距离,给自己一个耐力能撑到的时限,再给出一个看起来能操作的计划,计划详细到自己现在要做什么。

不过，这种心理游戏已经久违，在这城市扎下根，有份稳定体面的工作，已经有些年头了，辛觉已经麻木，他几乎忘记，他曾经为理想奋斗过。

工作总是重复而烦琐，每天一睁眼就欠单位四万字的看稿量。收入永远不够买房，选题过不了，领导不重视，同事使绊子，同学总是比他进步快。

做上喜欢的工作也未必心情舒畅，辛觉越来越清楚地感觉到自己的日渐消沉。他现在似乎被一把钝刀子割着，钝刀子是惰性，也是环境，还有各种远离核心、骚扰核心的纠纷，核心便是他最想干、最该干的事。

手中这张纸条，让辛觉拿起笔。

他一个一个列目标，数他和目标的距离，倒推今年要做什么，这个月要做什么，此刻要做什么。

"我要做个好编辑。"

"我该关注市场，做几个好选题。"

"我要跳到更适合我发展的出版社。"

"我要写一直想写的小说。"

"我要健身。"

"我要读书。"

……

辛觉的心里突然有了谱。年少时常玩的"目标、距离、做什么"的心理游戏让他精神焕发起来。

其实就是这么简单，你再低谷，你能想到的巅峰只要不是幻想，和该低谷的距离就能明确计算出来，剩下的就是怎么完成了。

半年后的一天，一个同事对他说："辛觉，我做什么都没劲儿，真不知道成天忙忙碌碌、浑浑噩噩，究竟有什么意思。"

辛觉正在收拾抽屉，他想起那张 A4 纸的纸条，便拿给同事看。

同事不明白他的意思。

辛觉没提"目标、距离、做什么"，说的是这些日子以来他玩的另一个心理游戏。

"有一天，我突然觉得不该再沮丧，我有使不完的劲。当时 MP3 里许巍在唱歌，'那一年，你正年轻。总觉得明天肯定会很美，那理想世界就像一道光芒，在你心里闪耀着……'

"我一下想到了这张纸条，写纸条的小姑娘最想达到的目标，不过是你我今天所拥有的。其实我和她一样渴望过，只是日子久了就忘了。

"如果你不断提醒自己，五年前你想变成什么样子，现在，你的心里就会很平静。那时我想达到的'西窗'不过就是今天已经拥有的，我很满足。那么你今天想达到的一切呢？只要你还活在'那一年'，就都会达到。"

时代广场的蟋蟀

✳ 王春鸣

用世俗功利的眼光打量，你并不优秀，可你过得很好，你在享受青春，也在为之奋斗，心有猛虎，也会细嗅蔷薇，你正在成为你自己。

今天早晨醒来的时候，看见家庭群里你从远方发来的照片，文字说明耸人听闻：时代广场前惨杀西班牙老头。然而你不过是在等候《歌剧魅影》开演的前夕，和路边的陌生人下国际象棋赢了而已。

你小时候无甚才艺，唯读书、钻竹林、下国际象棋、弹古筝而已。

我想起了那时和你一起看过的一本儿童小说《时代广场的蟋蟀》，讲一只康涅狄格州乡下草场的蟋蟀柴斯特因为贪吃，跳进了野餐篮，被带到纽约最繁华的地方——时代广场的地铁站，在人情冷漠的大都市遇到他一生的朋友塔克老鼠和亨利猫，以及爱他的主人——男孩马利欧，柴斯特用它了不起的音乐天赋回报了朋友们的真挚友情，自己也成了名动纽约的演奏家。你看完叹了口气——我长大以后也要去那里看看柴斯特的演奏会。

　　大自然是养育童年的好地方，在出发去时代广场之前，我们一有空就到外婆家，那里就像蟋蟀柴斯特的乡下草场一样，启迪了你的敏感与天赋。十八岁生日的那天，你开了公众号，鲜活的文字里看见你幼时的种种回忆，仿佛是反刍，你曾在生命的低处看见了辽阔，它成了你出发的起点。

　　我为你写了那么多童话，采了那么多野花，但是生活终究还是生活，还是得送你去进行各种学习。在选择名目繁多的培训班时，我会预先想想，到了 18 岁、20 岁、30 岁，你该是什么样子，什么样的你最自由、最充实、最愉悦。所谓才艺，应当让你找到自己，也找到朋友，让你在一个新的时代里，成为一个有民族文化之根的世界公民。

　　国际象棋，古筝，那就这两样吧！不能再多了，也不能再少了！即使你的同龄人都在学钢琴、小提琴，即使都没有什么男生在学古筝，我还是支持你挑选了这么一种传统乐器。考级是次要的事，你在钢丝弦上弹出《高山流水》《梅花三弄》《临安遗恨》和《林冲夜奔》的旋律时，传统文化的审美观念，也悄然根植。你学得很辛苦，也很喜欢，读小学的时候，带你去梅庵琴人袁华叔叔的工作室，他已经尽力为你这个小男生弹了最张扬的《酒狂》，你仍然悄悄对我说："古琴的声音太小，毕竟只有七根弦，我知道王维为什么要弹琴复长啸了，否则他妈妈根本不知道他在练琴！"

　　好吧，我只能掩面而去。后来，你曾在古筝上教会了两个来交流的澳大利亚和意大利朋友一句"沧海一声笑"，宾主尽欢。县中苦读的三年，你亦是在音乐里找到了难得的幸福与纾解。大学做了民乐社社长，不是因为弹得好，而是因为热爱。和外国同学在一起，他们之所以记住你，并不是因为你东方人的脸，而是你指下中国的声音。

　　用世俗功利的眼光打量，你并不优秀，可你过得很好，你在享受青春，也在为之奋斗，心有猛虎，也会细嗅蔷薇，你正在成为你自己。大约我这个妈妈也做得不错，以至于在你二十岁生日的此刻，意外地，除了回忆，无话叮嘱。胡适在写给自己儿子的信里说："我并不是你的前传，你也不是我的续篇。你是独立的个体，是与我不同的灵魂；你并不因我而来，你是因对生命的渴望而来。你是自由的，我是爱你的。"他说得对。

亲临
土地与生活

❋ 吴梦莉

生长庄稼、生长花草的土地，就算有着与生俱来的悲凉，亦可以长出诗意。

有一段时间，我很喜欢看一些田园主题的视频博客。

镜头里，身量清瘦的博主穿着粗布衣，在肥沃的土地间劳作，侍弄花草瓜果。斗大的绣球花（视频里会叫它"无尽夏"），憨肥的猫咪，在阳光下微微摇晃的浓绿的树丛……这些美丽的镜头叠加在一起，为我们营造出一个工业化背景下自产自足的梦境。之所以说是梦境，是因为我自己种过地。

种地并没有那么浪漫，它要沤肥、驱虫、除草，要将累累的硕果摘下，换成薄薄的钱币。我上小学五年级那年，黄瓜价低，仅卖五分钱一斤。白晃晃的夏天，我和爸妈要钻进没有一丝风的大棚，摘下足足一百斤黄瓜，挑到马路边，等路过的菜贩子用五元钱收走。即使是十几年前，五元钱依然做不了什么。可就是为了这五元钱，我和爸妈的背上、腋下生了一层又一层的痱子，当汗水淌过时，心底会掀起一场滔天的洪水。

后来，黄瓜没有卖完，连同藤蔓一起烂在了地里。再后来，爸妈离开了老家，去城里打工，没有带上我。我独自留在乡下，努力读书，为的就是考上好的大学，不再过那种在地里刨食的苦日子。

从世俗的角度上说，我成功了。如今的我，虽然早出晚归，但是每月的收入足够自己在城市里维持相对体面的生活，每年回老家的时候，还可以给晚辈们发压岁钱。可我的心仍是空的——它因为欲望而膨大，大到再无灵魂的容身之处，里面却空无一物。

我的人生似乎是日复一日的徒劳无功。

在那些田园主题的视频博客里，种地的审美大多是西化的：那些紫苏、薄荷、莓果与开不尽的白色小雏菊，就像简·奥斯汀笔下的菜园子，共同谱写一首美好的田园牧歌。可生活是什么呢？生活是胼手胝足的劳作，是明知道黄瓜只卖五分钱一斤，依然去摘、去背、去卖。最后，人累得坐在地上起不来，忽然听见雨水打在身上，发出轻重不一的声音。

"暴雨滂沱，日光绚烂，万物无情，无记忆。它只有每一刻。"而如我一般试图在土地里找到人生的答案的人，其实早已知道答案：种瓜得瓜，种豆得豆。

近来，网上兴起了"自信至上"的风潮，无数博主给我们灌"鸡汤"，手把手教我们"变得自信的 N 种秘籍"，好像只要我们变得自信了，人生的一切问题就会迎刃而解。然而，自信并不是这样虚无的洗脑，它需要我们一点点地去建立、完善，需要脚踏实地地尝试、挑战，直到获得正反馈……自信是果，而不是因。

在这个信息过于密集的时代，每一天都有新的流行语出现，每一刻都有关于人生的"新主义"诞生。我们被裹挟其中，为一个又一个的概念摇旗呐喊，浑然忘记要去看一眼脚下，要去亲临自己的生活。

我跟着那些田园风博主买过两回种子，只可惜自己种得不好，草盛豆苗稀，最后只活了一棵茉莉。半臂高的绿植，叶绿如碧玉，枝叶间结满米粒大小的花苞，每每入夜，幽香浮动，月光流淌其中，似涓涓细水，长流不绝。我坐在阳台上看书、读诗、写作、画画，有时候什么也不做，仰望明月当头。

终于明白，人生的确就是日复一日，但绝不是徒劳无功——就像头顶的月亮，哪怕自己并不发光发热，但也可以活得明亮；就像生长庄稼、生长花草的土地，就算有着与生俱来的悲凉，亦可以长出诗意。

小女孩不能只爱男作家

✽巫小诗

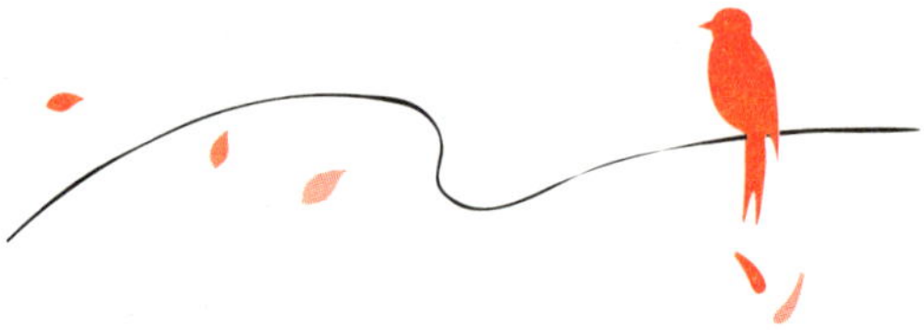

我希望她多问一些为什么，
而不是觉得那些都理所应当。

我的女性意识是什么时候开始觉醒的呢？大约是儿时看童话的时候。

很小的时候，看过一本经典童话绘本，《老虎还是美女》。说从前有一个有权势的国王，他把国家的法庭变成了一个竞技场，罪犯不进牢狱，而是在竞技场做一道选择题。

罪犯面前有两扇门，他必须选择一扇打开，其中一扇门背后是美女，另一扇门背后是老虎。若选择的是美女，罪犯会被当庭释放，并且与美女当场举办婚礼；若选中老虎，罪犯将命丧虎口。

国王的女儿和一位平民坠入爱河，国王大怒，决定在竞技场审判这位年轻人。国王让他在两扇门里选择一扇，要么死于虎口，要么迎娶一位陌生的美女。

审判的这一天，公主也坐在观众席，竞技场上的年轻人一眼就看到了公主。公主早已知晓门后的秘密。他注视着公主，公主趁他人不注意，指了指右边的门。年轻人得到暗示后，义无反顾走向了右边那扇门。

故事到这里就戛然而止了。没有人知道右边那扇门背后是老虎还是美女。

没人知道公主做的选择究竟是“你活着就好，别的都不重要”，还是“与其看你抱得美人归，我宁愿看你死”。

所有人都在好奇结尾。

可童年时我的关注点一直在别处——门后那个女孩好可怜啊，有人在乎过她的感受吗？

她是一件物品吗？凭什么门被打开，她就得和眼前的陌生人结婚？

老虎来到这竞技场，尚且可以美餐一顿，她来这儿得到了什么？得到一段和囚犯的婚姻吗？太奇怪了。

更奇怪的是，从国王到看客，从作家到读者，都觉得这个"奖品"的设定是合理的，只有我这个小读者在高举着疑惑的手。

可能说这些，会有朋友觉得我从小就是一个热衷于抬杠的人——不过是一个童话故事，较什么真？

不，我不是在跟童话较真，我是从童话里看到了一些越想越可怕的"约定俗成"，我在和这种约定俗成较真。

类似的疑惑，后来蒲松龄给了我更多。《聊斋志异》里的书生总是很穷、很瘦弱，是内向甚至自卑的。然后，在某个看不下去书的夜晚，美女就出现了，莫名其妙地爱他，莫名其妙地死心塌地。

她们图啥？

非常莫名其妙。

当然，我没资格和美女们共情。但哪怕再平凡的女性，以身相许总得有一个理由吧？支撑她做这件事的信念是什么呢？我没有看到。

她们是工具人，是物化的、扁平化的，像门外长着的一棵树、蹲着的一只猫似的，作者不需要给读者理由，也不需要给她们的行为以动机，推开门就可以娶走，夜半三更就会来敲门。

这两部文学作品，大约是我幼年时期女性意识的觉醒，我意识到和女性的共情，而不是和作者的共情。在阅读的过程中，我整个人是抽离的。

后来读张爱玲、三毛、萧红、李娟……她们同时给了我"作者"和"女性"的视角，我因此接收到更同频的自由、浪漫和爱，我的女性意识也渐渐血肉丰满起来。

写这些，不是为了性别对立，《老虎还是美女》也好，《聊斋志异》也罢，我认可它们的文学价值，都很值得阅读。我也认可这两位作家的才华和人品，某些桥段不必深究。可是，在文学帝国中，女性文学只占了几座不算太大的城池。一个小女孩的成长，若非她执意走进这几座城，在主流的道路上，她接触女作家的概率是不高的，甚至是极低的。

如果一个小女孩在成长中只读男作家，只爱男作家，会怎样呢？

她会不会觉得，女性是一道配菜，是可以物化的，是婚恋的被选择方；美貌是女性人格的标尺，是每个女性都应该具备的品质，如果没有，就是一种失格；至于智慧和勇敢，好像并不是那么重要……

我作为成熟读者，蓦然回首有一点儿后怕。

未来我有女儿的话，我想我会在给她看的文学读物上有所甄别，不是一股脑儿把经典必读都塞给她，男女作家的比例也要均衡一下，读家国情怀，也读儿女情长，读宏大叙事，也读细腻心思，读历史是怎么来的，也读花儿是怎么开的。

我希望她多问一些为什么，而不是觉得那些都理所应当。

我的人生，像栀子花一般痛快

❋ 理微尘

（选自《我的外婆，从不内耗》）

在不可改变的事情面前，寻找其中有益的部分，并立即行动，让自己开心——这让我相信，无论处于何种境遇，我们都有能力改变自己的生活和感受。

有一段时间工作很忙，有很多我不感兴趣却又必须做的工作像一只只小兽跟在屁股后面咬我。在烦躁的时候，外婆的话在脑海里冒了出来："把自己哄好是头等大事，千万不要苦了自己，要多积攒快乐。"

于是，为了哄好自己，我每天工作前喝杯咖啡，放上香薰，用降噪耳机放上轻音乐，感觉舒服多了。如果脑子转不动了，就剥棒棒糖叼着，用便携氧气瓶吸两口氧气。这样能在工作时全神贯注，不抵触，甚至进入"心流"状态。

快乐和存款一样，是需要积攒的。你不知道什么时候命运就会出难题，解决这些难题是需要耗费心理能量的，如果平时不存钱，到有急事时就拿不出钱，内心能量也是一样，平时要保证自己舒坦、自洽，积攒内心的"存款"。在任何时间都竭尽所能哄好自己，照顾好自己的情绪。

20世纪90年代的夏天，城市经常拉闸限电，往往在越热的时节，越可能停电。外婆家在省医院旁，每当这个时候，就会有更多救护车声响起。外婆的房间里也像火炉一样。她把大澡盆放在客厅正中，我们则坐在水磨石地板上，愉快地玩水。她满意地说："还好是水磨石地板，如果是木地板，就不能这样尽兴了！"

她又拿出冰激凌说："还好它快化了，可以下决心吃掉！"一向严肃的妈妈也来跟我们玩得不亦乐乎。电一直没来，表弟不停喊热，妈妈笑眯眯地拿出花露水喷在他的后背上，由于花露水中的乙醇能迅速降温，表弟又开始喊："这不是凉快，是冷！"大家哈哈大笑。

那年停电明明给大家带来了不方便，甚至有中暑的危险，这段经历在回忆里却是开心的。停电是好的，冰激凌要化了是好的，寒酸的水磨石地板是好的，甚至热到无计可施要用酒精降温这件事也是好的。

在不可改变的事情面前，寻找其中有益的部分，并立即行动，让自己开心——这让我相信，无论处于何种境遇，我们都有能力改变自己的生活和感受。没有比自己相信自己更能让人感到安全的事了。

前几日家里突然断电，我迅速打开冰可乐，满足地喝上一大口，又热情地招呼老公："快喝啊，一会儿就不冰了！"之后又开车带狗去郊外玩，以前一直想去，但下不了决心；回家路上买爱喝的茶，去一直想去的饭店吃了饭。我觉得无论处于高峰还是低谷，都要有乐观的精神，开发巨大的能量宝藏。那段时间，我总是边哼歌边干活。我发现，虽然身体的劳累到来很快，但也很容易恢复。心情好了，工作效率就会变高，因此人更能坚持，甚至不觉得有多苦。

吃苦一定是有情绪成分在的，如委屈、难过、仇恨、嫉妒……这种种负面情绪会带来自我对抗，埋下有毒的种子。当下次处于类似的情境中时，过往痛苦的记忆会一起涌现，将自己拖进情绪的深渊。这种情况下工作效率怎么会高？

心里太苦的人很难自信，别人的优秀也可能会引起猛烈的自我攻击，比如用封闭保护自己，这样的状态很难让人松弛下来，会不自觉地计较和敏感，无法坦然接纳自己的不足，更不要说学习他人的优点，真心欣赏和赞美对方了。当你还在处理情绪问题时，其他人已经开始查漏补缺了，你的工作效率肯定大打折扣。

心里太苦的人是无法嘴甜的。即便伪装嘴甜，心里也是难受的，心口不一，也容易留下破绽。

你如果总是吃苦，别人会习惯你的付出。任何环境中，如果一个人总是承担最多，最后大家并不会感激他，反而觉得是应该的，因此苦都让能吃苦的人吃了。

爸爸是从农村考上大学的，他的教育理念非常传统：吃苦磨炼，以德报怨，甚至唾面自干。外婆对他的教育方式极不认可。爸爸在人生接连摔跟头之后，居然也开始承认，外婆的很多方法虽然不符合常理，甚至"上不得台面"，却是有效的、符合人性的。外婆教我的很多东西，是只有对至亲之人才会传授的经验。她告诉我们世界到底是怎样运行的，为什么和书上讲的不一样。人生在世，不要与人性为敌，而是要顺应甚至利用它，只有这样，做事才能达到事半功倍的效果。

就像汪曾祺说的："我的人生，就像那栀子花一般痛快。"

人生的"重启键"

❋ 岑嵘

日剧《重启人生》非常受欢迎，该剧讲述了女主角穿越到出生的那一刻，重新开始人生的故事。

伴随着电子游戏机长大的一代人常常会把游戏的经验推及人生，比如他们相信人生就如同游戏中的升级"打怪"，不停地过关。他们对"重启"也有着某种执念，渴望自己的人生如同游戏一样可以"重启"，带着上次的游戏经验重新开始。

游戏的生产商早就深知"重启"的魅力，"重启"也是游戏的指导思想。你是否还记得自己一遍又一遍玩"羊了个羊"？这种持续不断的开始，意味着游戏中每个"时刻"与其他时刻的隔绝，从而让游戏者脱离正常的时间流动。同时，每一局的游戏时间也被设计得越来越短，游戏者一次又一次感到快要成功了，就差那么一点点。如果你输了，你会很快按下重启按钮，一切又重新开始，最后你沉迷其中不能自拔。

"重启人生"这件事对我们充满了诱惑，是因为人生总是充满了遗憾。我们常常后悔没有早点儿买房子，后悔在读书的时候不愿意下功夫，后悔贪吃不爱运动以致身材走样，后悔没有多陪伴家人……后悔的事情太多，如果"重启"，就可以去弥补这些遗憾——但我们谁都无法回到出生状态，于是在心里创造出各种"重启键"。

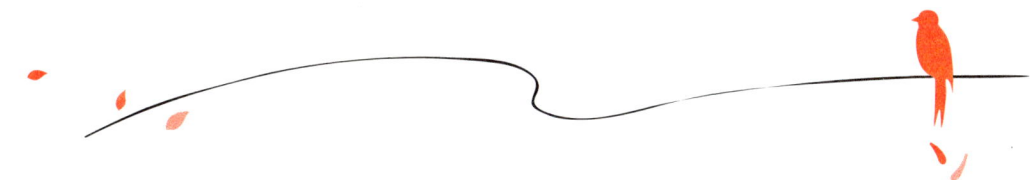

我们期待着在某个重要时刻能够重启我们的人生，但未来不过是过去的缩影罢了。

我们通常会设定一个"时间里程碑"，这个里程碑包括对个人有意义的时间节点（例如大学毕业、结婚等），还包括重要的日历时间（例如元旦、春节、每个月的开始或其他重要节日）——在这些时间节点上，我们会郑重地按下自己的人生重启键，一切仿佛都是新的。

日本推理作家宫部美雪在《所罗门的伪证》中写道："冷静地思考一下，便会发现'新年'这个词是有魔法的。从旧年一步跨入新年，所有的事物似乎都会'重启'。如果旧年里发生过什么负面事件，这种感觉就更加强烈了。新年伊始，一切都豁然开朗，仿佛一条没有污渍的新床单。"

"时间里程碑"从心理上区分了一个人的过去、现在和未来。我们总是将以前的不完美归因于过去的自我，并产生一种当前自我更优越的感觉，以为未来会不一样。

这种"重启"行为广泛存在。沃顿商学院教授凯瑟琳·米尔科曼等人研究发现：人们常常是到了一个时间"新起点"才去实现他们所谓的目标，例如节食或锻炼。一年之中的"新起点"，除了新年第一天，还会出现在一些临时制定的标志性时间点，比如生日、新学期开始，甚至是每周一。他们把这称为"新起点效应"。在这些新起点到来之后，人们会更有决心去做一些有益且困难的事情。

那么一切会有所改变吗？"新起点效应"毕竟只是一个起点，让人们短暂地下决心去实现目标，开始新的人生。随着时间的推移，这种实现目标的动力也会日渐消退。英国学者在研究了三千多个对象后发现：制订新年计划的人群中，88% 的人最后都不了了之。

我们都想成为更完美的人，但总是存在自我约束的问题。我们会对自己说："今天时机不好，明天更好一些。"我们期待着在某个重要时刻能够重启我们的人生，但未来不过是过去的缩影罢了。

因此，要真正"重启人生"，并非要等到什么重要的时刻——最佳的时机永远是当下。另外，比时间节点更重要的是严格的自律和持之以恒的决心，否则，你只会一遍又一遍地"重启"——一次又一次地戒烟，一次又一次地开始健身计划……而这样的"重启"，如同游戏成瘾者一样，只是对"重启"本身上瘾，自己却总是站在原地，最终什么都没有改变。

⊃⊃⊃ ○

◐ ///////////

橱窗外的**小孩**

✽ 修宏宇

贝多芬说：我情愿写 10000 个音符，也不愿写一个字母。

而我，情愿用 10000 个字，去换贝多芬的一个音符。但我知道，他根本不稀罕。

有什么办法？在伟大的艺术与它谦卑的粉丝之间，就存在着这种不平等。

但我依旧虔诚地朝拜着，并且相信：每写下 10000 个字，就与音乐圣殿的距离又近了一个音符……

如果有一天，你匆匆走过街头，看见一个小孩站在街角，正对着乐器店的橱窗痴痴地看时，请放轻你的脚步，因为那个小孩正在做梦，正在梦的五线谱上写下动听的音符。所以不要惊动他、不要打扰他，就让他谱完那段梦的旋律。

那个小孩也许是米兰的小铁匠，他"跑遍了牧场又绕过了村庄 / 他就站在街角的旧报摊 / 眼睛盯着隔壁橱窗里的一把吉他 / 远远欣赏"，他心里盘算着：要打多少马蹄铁才能买下那把吉他呢？铜板太少，但不灰心的小铁匠要"存钱买期望"，总有一天他要和酒吧里弹东欧民谣的吉他手弹得一样好，想到未来，小铁匠露出像卖如果有一天，你匆匆走过街头，看见一个小孩站在街角，正对着乐器店的橱窗痴痴地看时，请放轻你的脚步，因为那个小孩正在做梦，正在梦的五线谱上写下动听的音符。

火柴的小女孩一样的笑容。

那个小孩也许是小丹尼尔，他透过乐器店的橱窗，正眼巴巴地望着店里陈列的那架钢琴，梦太昂贵，叹着气的小丹尼尔慢慢将手放到橱窗上，隔着玻璃轻轻弹奏着，奇迹发生了：远处钢琴的琴键，居然随着男孩的指法，有节奏地一起一落……在"城市琴人"加拿大唱作音乐人丹尼尔·波特自传体MV《Free Loop》中，这个名字里有"波特"的男孩，对着橱窗施展着他的音乐魔法。

那个小孩也许是我，那年我七岁，生活里还未出现乐器店，只有"五满意"商店高高的柜台，我趴在灰蒙蒙的玻璃上，就像一只摊开翅膀撞上来的大蝴蝶，傻乎乎地盯着一只和生活用品摆放在一起的口琴。那口琴深红色的漆身上闪烁着耀眼的光泽，在我眼中，它就像一块红宝石那样珍贵。

"走吧！"母亲拽起我的胳膊，拉我走，我一步三回头地用目光抓住那只口琴，不放开。很喜欢，却不敢跟母亲要，买那只口琴要花五元钱，那时候，五元钱是我

们全家半个月的生活费。

"走吧。"母亲放下我的胳膊，握着我的手。她的手十分温暖，握上去像握住一个柔软的商量，我果然不再回头，和母亲一起离开。

如果我能像麦乐迪一样勇敢就好了：在美国影片《摇滚吉他梦》中，小麦乐迪每天都去街角的乐器店，看橱窗里摆放的那把漂亮的红色吉他，她眼中又向往又失落的神情，让我不禁怀疑是不是三十多年前的我穿越到了她的身体里。不管生活有多拮据、父母的争吵有多激烈，看到吉他，小麦乐迪就觉得很幸福。一天，乐器店的人收起了吉他，失望的小麦乐迪偷偷溜进店里，那把吉他就摆在她眼前，于是她做出一个大胆的决定：抱起吉他，飞快地跑出吉他店。

抱着心爱的吉他，跑啊，跑啊，小麦乐迪的嘴咧到了耳根，她坚信自己正在奔向幸福，但通往幸福的路上，总会出现恶守卫，跑出去一条街之后，她就被乐器行的老板抓住了。

如果我能像麦乐迪一样勇敢就好了，

将梦想拥入怀中，哪怕只有几分钟，也从此无憾。

小时候的我，得了一场病，无缘无故地头疼，疼起来连学都上不了，母亲从邻居家借来一个木制的小推车，推着我走遍哈尔滨的各大医院，也确诊不了。

那天从医院出来，又去了那家商店，远远的我就发现那只口琴还摆放在橱窗里。"妈妈！妈妈！"我连声催促母亲快一点将我推到橱窗旁，坐在车上看那只口琴，视线放低了挨近了，它看上去更美了！

母亲一定是怜惜久病的我，她摸着我的头说："旁边那个口哨也挺好的，给你买一个吧！"

于是我的胸前挂上了一只五角钱的口哨，虽然口哨吹不成旋律，但"一二——二一"地指挥着小推车的轱辘，似乎也奏出了一支神气的进行曲……

但我并没忘记那只口琴，岁月的尘埃也无法遮掩住它红宝石般的颜色，我常常想起它，当阳光好的时候，当风吹过楼前那棵老榆树的时候，当母亲边做饭边哼着歌的时候，红口琴就出现在我的脑海里，我吹起它，竟能无师自通地吹出一段动听的旋律……

读埃里克·克莱普顿的自传《天堂十字路口》时发现，原来这位传奇乐手，在刚步入乐坛加入"新兵"乐队时，也曾长时间徘徊在橱窗之外——

"在查令十字路和丹麦街几家琴行的橱窗里，我曾看到过吉普森电吉他。对我来说，这些琴行就像小时候的糖果店一样，

会让我站在外面痴痴地看上几个小时，尤其是晚上，橱窗的灯会一直点亮，我在'华盖'演完后，就会在那儿溜达一整夜，边看边做着拥有吉普森的美梦……"

埃里克后来终于拥有了那把吉普森电吉他，是他崇拜的弗雷德·金用过的，弹着它，他成为和金一样的摇滚明星。而生活中这样梦想成真的事发生过几例呢？梦在橱窗里，因为有那层冰冷的名为现实的玻璃阻隔着，你触不到它。

Mr.Children 曾唱过一首很感人的歌《Kurumi》，MV 中有位落魄的中年大叔，一天，偶然在琴行的橱窗里看到一把吉他，顿时，他的青春、梦想、爱情都闪回到已经贫瘠的脑海中，他节衣缩食地买下那把吉他，他抱着吉他跑回家的样子，好像刚仓皇地抢劫了当铺——他将自己典当给岁月的梦想夺了回来。

然后他写歌，固执地唱给曾经一起组建乐队的老伙伴听，他们都是挣扎在社会底层、尘满面鬓如霜的中年人，他们被音乐刺痛、唤醒、激励，于是他们重组乐队，尽管听众不过是婚宴上的一群宾朋，或是几个孕妇，或是一个扫地的阿姨，但他们依然唱得认真投入、幸福满足……

站在橱窗外的小孩，总有一天会长大会离开，但橱窗却为这样的孩子封存着不曾离开的梦：年少时从那里看到未来，年老时从那里看到曾经，每次看到，都会拨响沉睡在心底的琴弦，都会弹奏出一首激越的生命之歌，即使只有你一个人能听到，也是一场完美的演出。

薄荷星球上的
晚安猎人

世界仍然是那个温柔地等待我成熟的果园。

收留太阳吃晚饭的那一晚

✱ 张佳玮

天气凉下来之后，天黑得早，论该是黄昏时候，星辰已上来。我拿钥匙开门，发现太阳在屋里，蹲坐在窗下楼梯口第一阶。看见我进来，他抬头"哟"了一声。

"没打招呼就进来了，抱歉啊。""没事，"我说，"从窗口进来的？""天窗。"太阳说，"你早上出门没关天窗，我就顺势滑下来了。""噢……是凑巧还是？""是朋友介绍的，你是张佳玮，我没走错人家，对吧？"

太阳会在下班后，随机歇宿到人家里，这还是前两天我跟朋友喝酒时听说的——那天太阳就歇在他家里。当时我喝多了甜白葡萄酒，随口来了句"那就住到我家来吧——我家还多个沙发床呢"。大概我那朋友转达了这意见。不过也说不定。我不想多问，不然显得从来没见过世面的样子。

下班后的太阳跟我想象的不太一样，不太绚烂暖和，显得疲惫苍白。如果不是长得圆鼓鼓，周身还有金色的芒焰，说他是个大白汤团都有人信。当然，因为下了班，金色的芒焰也不再熊熊燃烧，而是垂落着，金得发白，

月亮从窗口蹑手蹑脚出去了。太阳想了想，
低手从肩上拔下一束芒焰，搁在茶几上。

像一只患了白化病的狮子。

"红茶，可以？"我问太阳，太阳点点头，打了个哈欠，"抱歉，太困了，而且说来不好意思，饿了。""今天我回来得也晚，所以路上就构思好了，图方便，汤锅里下一点酒，煮肉丸、芹菜、萝卜片、藕片、豆腐干和早上就发好的木耳。如果你需要，我可以另外再来个蚝油生菜，反正很快。""汤锅就行，谢谢你啦。"太阳满脸不好意思的样子，"我现在就想吃点热乎的。""红茶。"我把杯子递给他，"我不知道你喜不喜欢，不过加了一点儿糖和柠檬，提提神吧。"

女朋友敲门声。我去开了门，指了指太阳，"有客人。"女朋友看了眼，咬我耳朵："太阳还是月亮？""太阳啊，多明显。""可是他看上去挺苍白的。""我女朋友。"我对太阳说，女朋友爽朗地递过去纸袋，"刚买的羊角面包。""谢谢啦。"太阳点着头。

"冬天上班挺累的吧？"我问，太阳喝了一口汤，默默地点头。"汤还合适？"女朋友问，"我习惯味道放重一点。""挺好的，真谢谢你们了。"太阳说，"那个，上班是挺累的。这个季节，因为冷，云的脾气很不好，要说服他很难。我也想

每天都灿烂微笑，可是又冷又累，又时常跟云吵架，所以有时候表现得也不尽如人意……加上近来又有点忙……"

"怎么了？"女朋友俨然打听八卦似的，太阳挠了挠头。"我白天上班时，都偷空给月亮织一次性外套来着。""是怕她晚上黯淡无光吗？"我问。"不只这样。说来怕你们不信，其实月亮比我还怕冷。"太阳说，"所以得给她织厚一点，暖和一点，好让她上夜班。每天我要下班时，就把织好的外套放在云上，等月亮上班时就能套上，可是云总是要扯一截给自己扮靓，就是晚霞啦，最好的颜色都被他抢掉了……""我回家路上，还看到了呢，颜色和手艺都不错呀。"女朋友说。"就是好奇，"我插了一句嘴，"你和月亮的关系，到底是……"

"其实没有啦。"太阳说，"我们就是工作伙伴关系，而且还是不同班次的；大不了她上班时我下班，我上班时她下班，有时会彼此望一下。可是毕竟她一个女孩子，上夜班还挺冷的是吧……"

吃完饭，太阳帮我们收了餐具，还自告奋勇洗了碗。一边洗碗，他一边满脸歉意地说："那个，因为明天我要早起上班，所以得早睡……""明白明白。沙发床可

以吗？可惜只有毯子……""毯子就够了，实在是太麻烦你们啦！"

太阳裹进毯子后，很快就睡着了。他一睡着，脸上仅余的一点光也熄灭了，芒焰垂落在床边。我和女朋友并肩在楼梯扶手边看了他一会儿。"像不像个小孩子？"女朋友问我，我点了点头。"把羊角面包给他放茶几上吧，"我说，"他明早早饭要吃的。"

我一晚上没睡稳，到凌晨时分，听见轻轻的叩窗声。我和女朋友一起醒了，互相望望，打个手势，看了看下面：窗口有一张白色的脸孔。是月亮。"醒醒，上班了！"她说。"嗯嗯，我知道。"太阳揉着眼睛走去开了窗，"你先进来吧。"

"这家对你挺好啊，"月亮开始给太阳叠毯子，顺眼看了看羊角面包。"是挺好的。"太阳说，"对了，他们还问起我俩的事来了。""你怎么说？""还能怎么说？说我们没什么关系呗。"太阳摇着头，叹了口气，在月亮身边坐下。"是挺辛苦的。"月亮说，"但谈恋爱就这样。你看半人马、土星和天王星他们，三角恋呢，更辛苦。我俩还算好的。""嗯，我知道。"太阳抚了抚月亮的头，"你回去休息吧，我上班了。""嗯。噢，对了，昨天你织的外套挺暖和的。"月亮说。

月亮从窗口蹑手蹑脚出去了。太阳想了想，低手从肩上拔下一束芒焰，搁在茶几上。他走到窗前，吸了一口气。苍白的脸色忽而变得橙红，随即转为金黄；垂在身侧的芒焰缓缓直立，燃烧起来；天风四合，

云翳流动，他身上一轮轮光晕由暗而明，如波涛涌动。一道光闪过，我们不由闭眼；再睁眼时，太阳已不在窗前了。暗青色的东方天空，隐约有一缕光开始流动起来。

"他上班去了。"我对女朋友说，"我们再睡一会儿吧。""如果我们昨天给他吃点辣椒，他会不会今天特别热烈？"女朋友问。"那我们给他吃薄荷糖和冰激凌，今天还会下雪呢。"我说。

太阳留下的那束芒焰很有用：光亮暖和，像盏长明灯。之后的冬夜里，我们经常不开灯，就用这束芒焰照着，围炉吃锅。有一天正吃着，听见敲窗户声。我走过去看：是月亮，手里捧着一大片阳光。

"他给我织的满月外套，我说我今天是钩月，穿不尽，他就裁下这一片儿，托我送给你们。""谢谢，代我问太阳好。""让他下次还来。"我女朋友说，"上次吃得太简单了。"

"他是有些不好意思。"月亮说，"而且觉得骗了你们心里有愧。""骗了我们？""嗯，就我和他谈恋爱的事。"月亮大大方方地说，"他骗你们说我们没在一起。""我们其实知道啊……"我女朋友说，"他也太不会骗人了。""我知道他没骗到你们，你们知道他没骗到你们，就他不知道。"月亮笑了笑，"所以说他没心没肺的。""我觉得这是一腔热诚，没心眼子啊。"我说。"嗯，我就喜欢他这点。"月亮说，"那回见了。这片儿阳光，你们可以当被子盖，又暖和又轻软，很舒服的。""回见，回见。"

秘密

黄昏的诊疗室里，耳科医生一个人整理着病历卡。这时，身后的窗帘突然摇晃了一下，响起了一个尖尖的声音："医生，快帮帮我！"

窗帘那儿，站着一个少女。捂着一只耳朵，披头散发的，大口大口地喘着气，仿佛是从地球的尽头一路跑过来似的。

少女用手指着自己右边的耳朵，喊起来："秘密钻进我的耳朵里头去了。如果现在马上掏出来，就没事了。不过，要是还不动手，可就晚了。一旦太阳落下去了，就全完了。"

"……"医生眨巴着眼睛，"你能详细说说你的故事吗？然后，再给你看耳朵，我想也不迟。到天黑还有三十分钟呢！没问题，那么一点秘密，我马上就能给你取出来。"

少女乖乖地点了点头，开始讲起了这样一个故事。

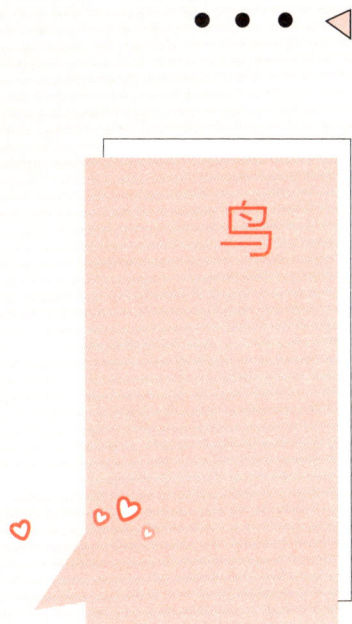

鸟

✽ 安房直子

少年

我在海边的租船小屋打工。那个时候，我在等一艘小船归来。我等得厌倦了，迷迷糊糊地打起瞌睡来了。

这时，我耳边响起了"哗啦"的划水声。"对不起。"我一下子被这个声音唤醒了，一脸的不快："怎么回事？早就过了时间了。"那个少年不好意思地笑了，这样说道："划到海那边去了。"

"别开玩笑了，快把船还给我。"于是少年站了起来，"嗖"地一下跳到了我的船上，然后，就像玩跳房子游戏似的，一蹦一蹦地从十几艘船上跳到岸上去了。他最后说了一声："再见！"

少年坐过的船上，落着白色的花瓣。我不由得伸手把它捡了起来。想不到，花瓣变成了

羽毛。

是鸟的羽毛。

有一天，渔女跑到租船小屋，说："上次儿子给你添麻烦了，真是对不起。可是，不要再让他划船了。那是我唯一的一个宝贝儿子啊。"

可是，从那以后，少年每天都来划船。他贴着我的耳边轻声说："就划一会儿，对我妈妈保密哟。"

很快，我就和少年成了朋友。

"这要全部都是我的小船，该有多好啊！"少年说，"那样的话，就拴成一排，划着最前头的小船去大海。从前，我什么样的险都冒过。"

"冒险？什么样的？"我探出身子问。可少年突然用无精打采的声音说："已经忘了。"然后，就用一双呆呆的眼睛，看着远方。他就是这样，过去的事情，全都忘得一干二净了，好像被灌了遗忘药的王子。不过，我也是一样。留在心底的过去的记忆什么的，一件也没有了。

魔法

有一回，少年说："喂，我们俩去远方好吗？"我的心"怦怦"地跳着，点了点头。

后来没过几天，少年突然说："喂，明天就逃吧！把一艘小船藏在那块岩石的后面吧！"少年指着对面远远的岩石，"明天黄昏，我在小船上等你。"

然后，今天的黄昏——就是方才——我按照约定，急匆匆地朝那块岩石后面赶去。这时，突然响起了一个嘶哑的声音："你

受累了！"

我不由得一怔，仰脸看去，蓝色的小船上，渔女一个人抱着膝盖坐在那里，脸上浮现出一种让人不寒而栗的笑容，然后，突然冲我招了招手："过来。我告诉你一个谁也不知道的秘密。"

渔女朝我凑了过来，把嘴紧紧地贴在我的耳朵上，说了这么一句话："那小子，是鸟呀！

"这已经是好久以前的事了，一只受了伤的海鸥，闯进了我的小屋。我可怜它，就给它上药、扎上了绷带，每天喂它吃的。不知怎么地，我呀，竟像疼儿子一样疼爱起它来了。即使是伤好了，也想永远把它留在身边了。

"可有一天，从海里飞来一只雌海鸥，每天早上在窗子那里叫。就是那个时候，我听懂了鸟的话。真的，我真真切切地听到了雌海鸥的呼唤：'去大海，去大海。'于是，我儿子就'啪啪'地扑腾着刚刚痊愈的翅膀，想要飞走。我对那只雌海鸥恨得要命，就像现在恨你一样。

"不久，我就想出来一个好主意。用魔法，把那只海鸥变成我真正的儿子！

"我在衣橱里头，收藏着两粒红色海草的果实。你说有多灵验吧！只吃了一粒，海鸥就变成了一个男孩子的模样。我因为太高兴了，都没有察觉到剩下的一粒掉到什么地方去了。

"可是，这一回，是你出现了，又要和那小子一起去遥远的地方……所以，我已经决定把那小子赶回到大海去了。不过……"

突然，渔女抬高了声音，愤怒地说，"你一起走不了。因为那小子是鸟呀！

"魔法马上就要解除了。这个秘密，一旦有谁知道了，当天魔法就会被解除。所以，到今天太阳沉到海里为止，那小子就会变成鸟了。

"不过，你要是能跑到医术高明的耳科医生那里，快点把秘密掏出来，那就是另外一回事了。"

羽毛

"噢，原来是这么回事。"耳科医生点了点头，"那么，让我看一下吧。"

少女闭着眼睛，这样说道："在我的耳朵里面哟。看，有大海呀，有沙滩呀。沙子上面有变成了海鸥的那个少年呀。如果不赶紧抓住那只鸟……"

医生朝少女的耳朵里看去。是真的。少女的耳朵里面，确实有一片大海。碧蓝碧蓝的夏天的大海，还有沙滩，就宛如小人国的风景似的收藏在里面。而且，那片沙滩上，一团让人想到是一只在歇息的海鸥似的小东西，孤零零地映入了眼帘。

医生突然头晕目眩起来，闭上了眼睛，不过那么两三秒。然后，当睁开眼睛的时候，医生发现自己竟孤零零地站在了那道海岸上。而就在不过五米远的前方，一只海鸥正在歇息。

"太好了。"医生伸出双手，蹑手蹑脚地从后面靠了过去。轻轻地、轻轻地……可只不过靠近了两三步，鸟就"啪"的一声展开了翅膀，迅速地飞走了。

"喂，等等——等等——"医生发疯

似的跑了起来。然而，海鸥越飞越高，不久就慢慢地飞到海里去了。

"喂，快点、快点。"就在这时，突然，一个如同雷鸣般的声音在四周回响起来。医生不由得闭上了眼睛，不过是两三秒。

"怎么也不行？"听到这个声音，医生一惊，睁开了眼睛，少女正目不转睛地盯着自己。是在昏暗的诊疗室里。

"秘密，取不出来吗？"少女问。医生张皇失措地点了点头："嗯嗯，刚刚错过了机会。"

"那么，就完了啊。"少女站了起来，一脸的悲伤，"太阳已经落下去了。他已经变成鸟了啊。"

医生垂下了头，他心中充满了歉意。

少女默默地回去了。

耳科医生长长地叹了一口气，"砰"的一声坐到了自己的椅子上。就是这个时候，医生瞧见眼前的椅子——就是刚才少女坐过的那把椅子上，散落着白色的东西。

医生把它拿了起来，细细地看着。是羽毛。而且是海鸥的羽毛。

医生惊诧地站了起来。随后想了片刻，点了点头："原来是这么回事。"

"必须告诉她！"

这么叫着，医生冲到了外边。在黄昏的路上，飞也似的跑起来。

那孩子不知道，自己也是一只海鸥。她一点也不知道，自己就是那时候吃了渔女丢掉的红色果实的雌海鸥啊！

耳科医生跑起来。为了把另外一个美丽的秘密放到少女的耳朵里，一心一意地追去。

▶ ● ● ●

冰箱里的企鹅

✿ 陈谌

一年前我搬到了这所单身公寓里，还心血来潮地买了一个很大的冰箱，琢磨着从今往后终于可以买点东西扔冰箱里，然后天天在家里自己做饭吃了。但我终归是一个懒散的人，从来不会做饭，于是这个大冰箱也就成了一个摆设，里面什么都没有。

三个月前的一天晚上，当我偶然打开冰箱的时候，却意外地发现里面有一只企鹅。她长得很漂亮，娇小的身子，光亮的毛发，樱红色的小嘴。

我愣愣地盯着她看了半天，她才开口对我说："我从来没有见过这么空的冰箱，你究竟是有多懒啊？"

我问她："你到我的冰箱里干什么？"

她反问我一句道："你买冰箱干什么用的？"

我说："我买冰箱是为了放吃的东西啊。"

她继续问道："那为什么这里面什么吃的都没有呢？"

我说："因为我很懒啊。"

她说："既然你买了个这么大的冰箱，又不准备放吃的，那不妨就借我住一下子咯。"

说完她就从里面把冰箱门关上了，留下我一个人在那里发呆。

我心想，我虽然从来都没有见过企鹅，但也从没听说过企鹅是这么不讲道理的动物啊，要不是看她长得挺可爱，真想直接把她从窗户那丢出去。

我没理她，径直回卧室睡觉去了。第二天早晨准备出门上班的时候，她打开冰箱门弱弱地看了我一眼，问我能不能下班买条鱼回来吃，我说了句"哦"就推门走了，心里嘀咕着这家伙还真不把自己当外人啊。

晚上下班我拐弯去了一趟鱼市，买了两条秋刀鱼回来。她坐在冰箱门上吃得很开心，我坐在地板上支着下巴看着她，问她究竟是怎么跑到我的冰箱里来的。

她说她自己也不知道，她只说自己去过很多不同的冰箱，冰箱的主人也会给她各种各样好吃的东西，不过第一次看见这么空的冰箱，所以打算在这里长住下来。

从那以后，我的生活开始渐渐发生了变化。我会每天下班去鱼市买几条新鲜的鱼回家，两条给她吃，两条自己做菜吃。每天晚上睡觉前翻冰箱的习惯也变成敲三下冰箱门，等她开门然后一起聊会儿天。至于为什么要敲冰箱门，则是她给我规定的，因为她觉得企鹅也有隐私，不经同意随便开门是非常失礼的一件事情。

她每天都会跟我借书架上的书看，还给我的时候每本都会被冻得硬邦邦的。而我们每天的话题也大多和这些书有关，她是只很聪明的企鹅，有很多奇奇怪怪的想法，时常能逗得我很开心。我也会偶尔跟她说说我的工作，说说身边发生的趣事，甚至对未来的想法。有时候我心情不好，她还会安慰我，对我说些鼓励的话，所以

我对她有着越来越强的依赖感，觉得她就像是自己的朋友，甚至家人一样。

而她也试着开始在我的房间里四处转悠，也学着到卫生间去上厕所。不过我从来不会领着她出门，毕竟企鹅还是怕热的，这里的天气对她来说实在是太糟糕了。

我们一起吃饭一起聊天一起看电视，有时候我还会给她洗洗澡，而我的大冰箱里也渐渐开始存起了食物，里面不仅有鱼，还有蔬菜水果。我每天晚上都会回家做一大桌菜和她一起吃，一切都是那么美好。

直到上个星期的某一天，上午上班前，我敲了很久的冰箱门她都没有开门，打开冰箱一看，她已经不在了，里面的食物却都还安然地摆在那里，就像里面从来都没有住过一只企鹅那样。

她就这样没有道理地从我的冰箱里消失了，就像她当时进到我的冰箱里一样，她消失得如此迅速而彻底，我甚至怀疑她从来都没有在我的生活里出现过。

或许她到了别人的冰箱里，或许她回到了原本属于她的世界。

不过从那之后我再也没有去外面吃过晚饭，我的冰箱里也总是放着各式各样好吃的东西。其实我的手艺很差，做出来的东西并不好吃，然而看到里面满满当当的食物，我都会特别欣慰。

我想，如果它总是满的，就不会再有企鹅住进来了吧。

尽管我非常想念那只企鹅。

种男朋友

✽ 饭大

我去淘宝买了男朋友的幼苗。

我下单的时候是二月份，收到包裹时是三月了。

我不能怪卖家发货太晚。卖家根据我的要求找了很久才做出了我男朋友的幼苗。

"我需要一个男朋友，他脾气很好，笑起来眼睛亮亮的像泉水，手指很长，声音很温柔。我需要在春天时把他种下去，等到秋天时，我去收割他。"

客服说："这样最好了，很多人都想在秋天时种男朋友，春天时去和男朋友谈恋爱，但是其实这样种出来的男朋友很容易死。冬天女生们都窝在被窝里看韩剧，大家都没什么耐心去照顾刚种的男朋友，于是男朋友很容易就死了。"

我收到了卖家给我发来的男朋友的幼苗，在我家小区那片无人经过的杉树林里挖了坑，把幼苗埋了进去。

我的男朋友幼苗比较贵，因为我的要求有点特别，卖家收集了很多别人男朋友分出的枝杈，才给我嫁接出了我男朋友的幼苗。

幼苗黑黑瘦瘦的，看上去和一株桃树的幼苗没什么区别。

"这真的可以长出来男朋友吗？"我洗干净手上的泥土后，给好评 100% 的卖家发语音。

"可以的，而且你可以不断按照你的想法去培育他的样式。"

我种完男朋友几天后梅雨季节就来了，男朋友的幼苗上长出了毛茸茸的触须，黄黄软软的，我用脸蹭蹭，好舒服。

雨季过去以后，男朋友的脸慢慢在树上长了出来，他先有了一个光洁的额头，然后出来一点点眉毛，然后是鼻梁，再然后我看到了他的眼睛。他的眼睛非常非常明亮，像天上的星星。

我没事的时候就去看他，虽然他现在还没有耳朵，但是他可以看到我的眼睛了。我看着他微笑："以后余生就要和你一起度过了，请多多关照啊。"

虽然我看不到他的嘴巴，可是我看到

他眼睛里全是笑意。哈哈，我的男朋友，眼睛居然会笑啊。

五月末，蝉鸣和男朋友的耳朵一起到来，我早上常常跑到树林里去给男朋友念诗听。

男朋友的嘴巴还没有长出来，可是我知道我说的他都明白。周末的时候，我会搬着我的小音箱去和男朋友一起听音乐。男朋友不是很喜欢我爱听的摇滚乐，我放爵士的时候他会很开心。我有点忧愁：以后怎么和他一起去看迷笛呢？

六月，男朋友的腿长出来了，他的腿比我想象的短了些。我去问卖家："怎么回事，为什么他的腿比我要求的短？而且他现在还没有长出嘴？"

卖家说："他最后肯定会长出一张嘴的，但是每个男朋友的性格都是不同的，喜欢说话的人最先长出的五官就是一张嘴，你的男朋友可能有些不爱说话，所以你再等等吧。不管怎么样，他都会有张嘴的，不管怎么样，他成熟了以后还是要吃饭的嘛。"

"那腿呢？"

"腿长完还要一阵子。他还没成熟呢，你没事可以多给他做做按摩，他的腿会变得非常长。每天都按摩效果最好啦。"

我晚上下班回到家借口去后院的树林纳凉，去给男朋友做按摩，他的小腿很白很细，上面薄薄的一层绒毛让我想起小时候的玩具。

七月，男朋友的手和胳膊长了出来，他喜欢在我给他读茨维塔耶娃的时候牵住我的手。他的手好温柔。但是我发现我的

男朋友太瘦了。

我去找卖家："我的男朋友太瘦了，以后好像很容易生病。"

"你把他种在了哪里啊？"

"树林里。"

"那肯定会生病啊，别人都把男朋友种在阳台上，这样可以每天接受光照，你的男朋友种在树林里，他照不到太阳，身体怎么会好呢。"

我不开心，我觉得我很对不起他。

"不过你的男朋友皮肤会很白，脾气也会很好。毕竟他没怎么被太阳暴晒过，他不会焦躁的。"

九月快到了，男朋友还是没长出嘴巴，我买了衣服给他穿上，夏末的夜已经有些凉了。

九月的第一天，我照常去树林里看我的男朋友，我没看到他，他不见了。

我有些伤心：看来自己种的男朋友还是会和别人跑掉啊。

晚上下班回家，我喝了点酒，头晕晕的，走在回家的路上，鬼使神差又来到了那片小树林。

春天的时候，我在这里种了一个男朋友，秋天的时候我就要来收割了。

可是什么都没有。我所以为的他那些饱含爱意的眼神、他那些温柔不过都是我自己的情感的投射而已啊。

我真是傻啊。

我回到家，准备用钥匙开门的时候发现门口地上有一小束野花，而我种的男朋友站在楼道里，他修长的手指在昏暗灯光下闪着光："嗨。你好吗？"

▶ ● ● ●

追光者

✿ 晴年

这是维乐换了新工作的第三天，她的目标是争取今年能转正，因为身体的原因，已经记不清楚是第几次换工作了。

烈日炎炎，室外的气温翻着跟头往上飘，而室内更是像个蒸笼一样，维乐觉得再这么蒸下去，自己就要变成包子脸了。舍不得开空调，她决定拿本书先去楼下咖啡厅避一避。

维乐简单打扮了一番，一推门，脚下竟然趴着一个人。

"救……救救我……"说完这句话那人便不省人事了。

维乐吓得手中的书掉落在地，心脏病都差点犯了。

那人一头蓝毛，身材消瘦，乍一看还以为地上横着根彩色拖把。

维乐轻轻踢了踢他，在被碰瓷的边缘试探。

没有反应。

然后费了好大的劲，把他翻到正面，才看清他的脸。

是一个眉清目秀的蓝发少年，不像个坏人，维乐心一软，把他拖到了床上，打算暂时照料他一下。

看他像通宵后虚脱无力的样子，应该是个突然中暑的网瘾少年吧。她守在床边好一会，少年才重新恢复了意识。

他苍白而凉薄的嘴唇微微动作，好像在渴求着什么。维乐似乎明白了什么，接了杯水来，但是少年的声音终于清晰了。

"电……我没电了。"

维乐的表情僵住了，手上的水杯一斜，水全洒地上了。少年的刘海散乱，眉心一个小红点，微弱地闪动着。

皮……皮卡丘成精了？

"小场面，小场面……"

维乐努力让自己保持镇定，鬼使神差地把插好的手机充电器接头递给少年，少年捏住之后，眉心的光点果然变成了绿色，很有精神地闪烁着。

然而少年并不是个机器人，一直到夕阳西下后，少年松开充电器，下了床，整个人元气满满，一五一十跟维乐介绍了自己的来历。

他的确不是人类，获取能量的方式，是靠吸收雷电。于是他的一生，便成了追逐雷电的一生，哪里将产生雷电，他就一路奔波到哪里，像等食堂开饭一样。

人类给他取了很多名字，不过他最喜欢人们叫他，追光者。

上次本来应该在某城降落的一场雷雨，被人类强行在城外给人工降雨了，于是他扑了个空，饿了肚子。

他感应到维乐这座城市将迎来雷电，于是连忙赶过来，但是因为实在太久没进食，终于饿昏了，碰巧倒在维乐门外，幸好被她所搭救，暂时补充了体力。

少年说，等下一场雷雨过后，补充完能量的他将拥有雷霆的力量与速度，不会像现在这么虚弱啦。

维乐心里说，真厉害。

天色已晚，少年决定不再打扰，起身告辞。"实在不知道该怎么感谢你。"

"嘿嘿。"

"那我就不谢了吧。"

少年挠挠头，笑得一脸灿烂，深深鞠了一躬。

"开玩笑的啦，真的十分感谢你，我无以为报！"

"没事没事。"

维乐把少年送出门外，依依不舍地和他道别。少年大力挥舞着手臂，越走越远，身后维乐在抹眼泪。

少年心里说，真是个感性的小姐姐啊，这么舍不得我。

而维乐的内心是崩溃的，瞥见门口电表的她，哭得坐在了地上。

"一下午就费了几千元钱的电，早知道就开一天空调不出门了！"

第二天，少年所预言的那场雷雨如约而至。不过来得更狂野一些，演变成了一场灾难性的雷暴。整座城市都几乎瘫痪了，陷入黑暗。

维乐的心脏承受不住那样的雷声，终于病情发作，必须立即进行手术。

刚刚被推入手术室，医生突然告知维乐家属一个令人绝望的消息。医院的紧急备用电力刚好耗尽，手术被迫停止。

一片混沌中，维乐看见仪器上的红色光点越闪烁越黯淡，即将熄灭，如同她的生命。

突然，奇迹发生了，红灯变成了绿灯，所有的仪器和灯光又重新亮起来，一个电力人员气喘吁吁地冲进手术室，大喊道。

"好像还有部分余电，足够完成这场手术！"

医护人员脸上都浮现出振奋的神情，手术顺利地进行了下去。

与此同时，在一个无人知晓的幽暗角落，一个少年安静地蹲在那，发丝和瞳孔隐隐浮现着淡蓝色的光，手里紧紧捏着连通着手术室的电线。

他打了一个哈欠，微笑着说。

"快点好起来吧，别让我等太久哦。"

147

▷ • • •

极地的夜

✿ 梦神风风

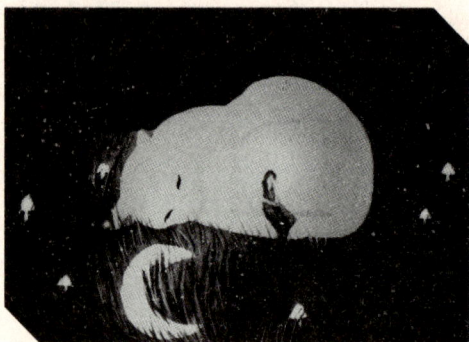

科考船稳稳停在冰川边。这里是极地，夜晚的风呼呼刮。茫茫天地间，唯一的生灵似乎都在这艘船上了。

大家都待在自己的房间里，只有科学家，穿着厚厚的衣服，一个人走到甲板上。

"呼——真冷啊——"他呼出一口白气，抬头看着那一轮皎洁的月亮。

科学家很喜欢月亮。月亮似乎总能触动他心里柔软的弦，他总能被月亮打动。

今夜挂在海面上的是一轮清冷的圆月。借着月色，科学家向下看去，隐约看见船边海里，似乎泡着一个人。科学家瞪大了双眼。依附着船的那个生物似有所感，

抬头看向科学家的位置。

借着明亮的月辉，科学家看到了乌黑的长发，精致的五官。但月色下，她的脸上似乎有鳞片，伴随着她的动作，隐约闪现光华。

看到科学家，她也吓了一跳，一甩尾巴，扎进了海里。鳞片，尾巴……

科学家心跳加快，又觉得自己是不是出现幻觉了。他忍不住四下张望。

在离船稍远位置的水面上，探出一个小脑袋。她抬起纤细的胳膊，拨动了一下水面。水面上浮起一个海水泡泡，摇摇晃晃向科学家飞来。

科学家一愣，抬起手，泡泡落在了他的手心。一个好听的声音从泡泡里传出来："请问，你是人类吗？"

科学家下意识点了点头："是的。"

"呜呼，我居然遇到人类了！回去以后一定要告诉他们。不行不行，要是告诉了他们，他们以后都不会让我来这边了……"

科学家手上的泡泡砰地幻化为泡沫，而那大海的精灵开心地在海里打着滚，尾巴时不时拍打水面，激起阵阵浪花。

科学家有些手足无措。他是来考察极地矿藏情况的，神奇生物不在他掌握的知识范围内。

意识到自己的失态，美人鱼停止了翻滚，游到了船边，右手摁在胸前，礼貌地介绍自己："您好，人类。如您所见，我是一条美人鱼。"说着她炫耀似的展示了一下自己的尾巴。

那是一条巨大的漂亮的蓝尾。月光照在上面，那蓝色仿佛流动起来，有一种流光溢彩的美。

科学家终于能说上话了。他诚心诚意地

赞美："非常好看。"

美人鱼骄傲极了："我的族人也是这么说的。"

两人终于打开了话匣子，当然了，主要是美人鱼在说。按照人类的划分，她应该属于社牛。

而科学家，平日里总是埋头做研究，所有人都觉得他是一个沉默寡言的人。

在美人鱼说完海里巨大的鲸鱼，壮观的珊瑚礁，以及那些埋在海底深处无人知晓的宝藏后，面对美人鱼投来的亮晶晶的眼神，科学家后知后觉地意识到，自己也该说点什么。

科学家沉默半晌，在美人鱼期待的眼神中，艰难说起了城市的高楼大厦，上班的车水马龙，食堂万年不变的饭。

在美人鱼不断"哇哦""哇哦"的惊叹声中，科学家越说越顺畅。他说研究院里有个湖，湖边有柳树；他说起自己常去的图书馆，安静却丰盈；他说起自己吃过的那些美食，那是令他觉得生命很有意义的瞬间。

说着说着他才发现，自己肚子里原来也有这么多话。美人鱼趴在一块浮冰上，一脸向往地听着科学家的描述。不知过了多久，两人都默契地停止了讲述。

美人鱼沉醉地感慨："真是一个奇妙的夜晚啊。"科学家表示赞同。

美人鱼眨了眨大眼睛："谢谢你和我分享人类的生活。"

科学家觉得心里似乎有一团火，想要冲破牢笼，在这个宁静的夜。但看着那张纯真的脸，他只是说："我也谢谢你。"

海浪发出哗哗的响声，美人鱼听了听，说道："我要离开了。"

"对不起，为了我们种族的安全，我必须催眠你，让你遗忘这段记忆。"美人鱼一脸歉意但诚恳地说，"我的族人太过稀少，我们承担不起任何一点意外。"

科学家觉得他能理解。但他想了想，也很诚恳地问道："我觉得今晚的经历很美好，你能不能给我留下一点儿碎片，或者别的什么？"

美人鱼好看的眉微微皱起，似乎这个问题难住了她。片刻后，科学家刚想说没办法也没关系的时候，美人鱼的尾巴搅动了一下海水。

她的手指向夜空的月亮："有办法了！我可以给你留下月亮！"

"以后你的记忆里，会觉得今夜的月美得无与伦比。"

"这将是我们共同的记忆。"

科学家看向那轮皎洁的月亮，点了点头。美人鱼双手交叠于胸前，面朝月亮，用虔诚的姿态唱起了歌。

在美人鱼轻柔动听的歌声里，科学家的眼皮越来越沉重。不知过了多久，科学家猛然惊醒。

在海面吹来的冷风中，他环顾了一下四周，失笑："我居然站着就睡着了！"

科学家捏了捏鼻梁两侧，摇了摇头："我刚刚，似乎做了一个梦……奇怪，是什么呢……唔，好像有月亮……"

月亮……

他抬头看着夜空中皎洁的月亮，它的月辉倾泻到海面上，带来粼粼波光。科学家看了许久，忽然叹了口气，有些怅惘地说道："今晚月色真美。"

▶ • • •

愿我们的心底永远住着一个孩子

✱ 李怡楚

01

牙医给我做完检查，说有蛀牙，建议我以后少吃甜食。

我回到家，叫来牙膏和牙刷，一脸严肃地问他们，你们啊，谁的工作出了差错，快快承认？

牙膏涨红了脸，一句话也说不出来。牙刷满是委屈，泪珠在眼眶里打转。

角落里的牙刷杯小姐举起手，小声说，不好意思，可能是我闯了祸。

她略有些紧张，又带点羞涩。

我最近在和肥皂盒先生谈恋爱，心里啊，总是甜甜的。

02

晚上，我在看书。

突然台灯把自己关掉了，眼前顿时一片漆黑。

我皱着眉头打开台灯，嚷着，怎么回事，我正在看书呢。

台灯对着闹钟一努嘴，语气和蔼地说，你看，现在已经十点半了，该睡觉啦！

我举了举手里看了一半的书，不行，我今天晚上要把这本书看完。

台灯摸摸我的头，哄着说，乖，早点睡，不然明天会有黑眼圈。

见我态度坚决，台灯叹了一口气，指了指窗外，说，再不熄灯，她就要撞死了。

一只飞蛾正在奋力地冲击着玻璃，噼啪作响。

03

我刚刚睡下，屋外的电瓶车便嘀嘀地

响了起来。

我穿上衣服，皱着眉头走出来。

电瓶车睁大一双无辜的眼睛说，嗨，什么事情都没有发生，一切正常。

我竖起耳朵，仔细听了听，四周一片寂静，只有微风吹过脸庞。

睡到凌晨，讨厌的嘀嘀声又响起，我冲了出去，瞪着电瓶车。

他不好意思地扭了扭身体说，咳咳，白天忙了一天，实在是太累，坚持了大半夜，不小心还是睡着了。

是不是我的呼噜声，吵醒你了？他小心翼翼地问我。

04

我打开书橱，手指在书籍的身体上划过。

《追风筝的人》神色凝重，《百年孤独》一脸紧张，《苏东坡传》屏住呼吸，《大卫的伤疤》手心出汗。

游走半晌，我终于挑了一本《百年孤独》。

其他书本发出一声声轻微的叹息声，《百年孤独》迎着小伙伴们羡慕的目光，轻快地跳出了书橱。

半个小时后，《百年孤独》垂头丧气地回来了。

大家涌了过来，好奇地问，怎么，李怡楚看书这么快啊？

《百年孤独》痛苦地闭上眼睛，涌出两行清泪。

他，他，他只是拿我拍照，发了个朋友圈！

05

我趴在地上，往床底张望，看见篮球先生一边跳，一边大力挥手。

他绕过几个纸箱，又跨过一只水盆，终于走到我跟前。

他拍拍身上的灰尘，原地转了几个圈。

嘿，你终于想起我了，你说，你有多久没碰我了？一年？不，不！两年了！

我们今天去哪儿？徐家汇公园，还是交大操场？

别这样看着我，我身体好着呢。你听，嘭嘭嘭，中气十足！

篮球先生用力地跳了几下。

晚上，我回家路过垃圾桶，有点心虚地瞟了一眼篮球先生。

他躺在一堆水果皮上，抱着胳膊生着闷气，假装没看见我。

06

我刚刚坐在书桌前，便听见他们叽叽喳喳的议论声，带着紧张和兴奋。

宣纸飞快地将自己铺在书桌上，仔细地抚平身上的每一处皱纹。

又招了招手，镇纸沉稳地走了过来，压住了蠢蠢欲动的裙边。

墨瓶大口地吐着墨汁，砚台连声说，够了够了，悄悄地擦掉了溅起的几点墨。

毛笔姑娘早已做好了热身，毫不迟疑地一头扎进墨池。

过了一会儿，我拍了拍手，满意地离开。

毛笔姑娘低头怔怔地看着宣纸，再也忍不住了，放声大哭。

他居然用我写了这么难看的字！